JN065296

GIGAにとどまる学校、学校DXに進化する学校

ネクストGIGAの新しい学びを求めて

合同会社未来教育デザイン代表社員
文部科学省学校DX戦略アドバイザー
平井聡一郎 編
Hirai Soichiro

教育開発研究所

はじめに　学校DXの今、そして未来とは

平井　聡一郎（合同会社未来教育デザイン代表社員／文部科学省学校DX戦略アドバイザー）

GIGAスクール構想（以後GIGA）から3年が経過し、全国の自治体、学校におけるICT機器整備は確実に進み、1人1台の端末という環境がおおむね実現しました。これまで一部の学校、先進的な先生に限定されてきたICT機器活用は、確実に全国で拡がりを見せており、全国各地から優れた実践が報告されています。

しかし、その反面、全国学力・学習状況調査質問紙調査の結果からは自治体間格差、学校間格差の存在が明らかになっています。たしかに、どの学校でもICT機器を活用した授業が日常的に展開されていますが、その活用を学びの内容でみていくと、学習者同士のやりとりにおけるICT機器活用で大きく差が生じています。

つまり、一見するとICT機器による授業改革は進んでいるように見えますが、その実は、従来型の授業のなかでのICT機器活用にとどまり、本来目指してきた「主体的・対話的で深い学び」における活用にはつながっていないというのが現状ということになります。さらに、全国の学校をまわるなかで、担当する先生の一人ひとりの個人差による学級間格差が生じてい

るのを実感します。

このような格差の原因を考えると、これは先生や学校がICT機器に慣れていないからという単純なものではなく、学校という組織のシステム自体が社会の変化に柔軟に対応できないことに起因するのではないかと考えています。その理由として、各地でGIGA以降確実に進化している自治体、学校の存在があげられます。これらの進化する自治体、学校では、ICT活用を目的化するのではなく、学校全体の教育改革を目指し、そのツールとしてICTを活用しているように感じます。つまり、進化する自治体、学校では優れたリーダーが、従来の学校教育の枠組みにとらわれず、明確なビジョンをもって学校教育そのものを見直し、多面的に改革に取り組んでいるのです。

そこで本書では、学校そのものがデジタル・トランスフォーメーション（以下DX）を切り口に、運営システムという根底から見直しをかけ、この社会の変化に対応し、変化の荒波を切り拓いていく存在に進化していくことを目指しています。そして、そのことにより、学校における学びが変わり、学校そのものが変わります。その結果、そこで学ぶ子どもたちの未来が変わっていくことを期待しています。

では、どうすれば学校は変わるのであろうかと考えた時、まずは「立ち位置を知る」ことが重要です。よくも悪くも、現状を正しく把握することからスタートし、そのうえでどこを目指すのかを考え、そのための施策を立案するということになります。ここでは、どこを目指すかというビジョンが大切になります。学習指導要領がその根本となりますが、国の施策として出される「経済財政運営と改革の基本方針２０２３（骨太２０２３）」も見逃せないものです。ここでは「第４章 ５．経済社会の活力を支える教育・研究活動の推進」で「質の高い公教育の再生等」が示されています。骨太２０２３では1年単位での予算に基づく施策が示されており、学校ＤＸを推進する教育長、校長は国の方向性を見定める意味で、これらの内容を捉えたうえで、自治体、学校の方針を策定する必要があるでしょう（https://www5.cao.go.jp/keizai-shimon/kaigi/cabinet/honebuto/2023/decision0616.html）。

さて、学校ＤＸは学校の運営システムそのものの改革を目指すと述べましたが、その根本は「学びの改革」となります。これは、学校における教育活動の主体が児童・生徒となることを意味します。つまり「教師主体の一斉教授型の授業」から「学習者主体の探究型の学び」への転換となるのです。これについてＯＥＣＤは、OECD Future of Education and Skills 2030プロジェクトにおいて、２０３０年に向けた生徒エージェンシーを提言し、そのなかで、学習者の学びへの参画を共同エージェンシーの段階として0～8までのレベルで示しています（**表**）。つまり、ＯＥＣＤは教師主導の学びからの脱却を世界的な課題として捉え、そこから学習者の参画を増やす、すなわち学習者主体の学びへの転換に世界中で取り組んでいこうとしているといえるでしょう。

「学びの改革」では、まずは教師自身が、日常の授業がこの0～8の共同エージェンシーの段階のどこに当てはまるかを意識することが重要です。これが「立ち位置を知る」ということになります。教師による一方的な知識伝達の授業の場合、おそらくは「0　沈黙」となるし、ICT機器活用によって学習者が活動しているような授業でも、「1　操り」になっていないか、ということです。あたかも、学習者が自分で選択したり、主体的に活動しているように見えますが、実は先生が誘導しているという授業を実際によく見ることがあります。そのようなときに先生自

0.	沈黙	若者が貢献できると若者も大人も信じておらず、大人がすべての活動を主導し、すべての意思決定を行うのに対して若者は沈黙を保つ。
1.	操り	主張を正当化するために大人が若者を利用し、まるで若者が主導しているかのように見せる。
2.	お飾り	主張を助ける、あるいは勢いづけるために大人が若者を利用する。
3.	形式主義・形だけの平等	大人は若者に選択肢を与えているように見せるが、その内容あるいは参加の仕方に若者が選択する余地は少ない、あるいは皆無である。
4.	若者に特定の役割が与えられ、伝えられるだけ	若者には特定の役割が与えられ、若者が参加する方法や理由は伝えられているが、若者はプロジェクトの主導や意思決定、プロジェクトにおける自分たちの役割に関する判断には関わらない。
5.	生徒からの意見を基に大人が導く	若者はプロジェクトの設計に関して意見を求められ、その結果について報告を受けるが、大人がプロジェクトを主導し、意思決定を行う。
6.	意思決定を大人・若者で共有しながら、大人が導く	大人が進め、主導するプロジェクトの意思決定の過程に、若者も参画する。
7.	若者が主導し、方向性を定める	若者が大人の支援を受けてプロジェクトを主導し、方向性を定める。大人は意見を求められたり、若者が意思決定しやすいように指針やアドバイスを与えたりするが、最終的にすべての意思決定は若者が行う。
8.	若者が主導し、大人とともに意思決定を共有する	若者がプロジェクトを主導し、意思決定は若者と大人の協働で行われる。プロジェクトの進行や運営は若者と大人の対等な立場で共有される。

出典）「2030 年に向けた生徒エージェンシー」（Student Agency for 2030 仮訳）

表　共同エージェンシーの段階

身が自分の授業における、学習者の参画のレベルを客観的に捉え、改善の視点を得ることが重要なのです。これが「立ち位置を知る」ことにより、「改革の方向性を認識する」ということです。つまりＧＩＧＡによる教育改革は、「学びを変える」ことがそもそもの目的であり、そのためには、まず共同エージェンシーというアセスメントで学習者の学びへの参画度を把握し、その結果というエビデンスに基づいて施策を立案するということになります。

次に、ＩＣＴ機器活用の「立ち位置」から、「学び」を考えてみます。ここで注目すべきは、全国学力・学習状況調査質問紙調査における「学習者同士がやりとりする場面」での活用です。つまり、それまでの検索や発表、表現に関する質問は、従来型（教師主導型）の授業におけるＩＣＴ機器活用ですが、「やりとりする場面」は、従来型の先生と学習者による「縦の学び」から、学習者同士の「横の学び」に進化しているからです。ＩＣＴ機器活用による「やりとり」はクラウドを活用した授業となり、結果的に学びのデザイン、テクノロジー活用の両面で、学びが進化した状態といえます。さらに「やりとり」の場面が多い授業は、結果的に前述の共同エージェンシーにおける学習者の参画度も必然的に増していくことが期待されることから、「やりとり」は今後の授業改善のポイントになるわけです。

さて、ここまで「学び」に視点を当ててきましたが、ＩＣＴ機器整備も改めて考えていく必要があります。ＧＩＧＡスクール当初の機器整備と、数年後の機器更新を同様に考えてはいけないからです。つまり、当初は「まず使う、とにかく使う」状態であり、国の整備補助対象となる最低限の整備、つまり「基本パッケージ」にとどまっている自治体がほとんどでした。しかしその後の社会変化は、部品不足や為替変動で機器の単価が上昇しています。また、端末や通信環境も、活用のレベルが上がったことで、求められる性能がグレードアップしています。たとえば動画によるアウトプットが一般化すれば、端末の処理速度や通信環境もより高性能なものが必要となるというわけです。それゆえ、次の機器更新の際は、整備の主体が国・地方自治体であれ、保護者負担であれ、目指す学びの姿に応じて、機器に求めるスペックを検討する必要が出てくるでしょう。さらに、これはハード面だけでなくソフト面も含めて検討する必要があります。

以上のように本書は、学校ＤＸを目指す取り組みをさまざまな視点から取り上げていますが、これらはすべて「学び」を変えるという一点に収斂されます。本書が、すべての学校が未来に向けた学びを目指す学校ＤＸに進化していくことの一助となれば幸いです。

目次

3章 学びのＤＸ、校務のＤＸ

1章

これから社会は、教育は、どう変わっていくのか

これからの社会と学校ＤＸ

武藤　久慶（文部科学省初等中等教育局修学支援・教材課長／学校デジタル化プロジェクトチームリーダー）

本稿執筆に当たっての編者からのオーダーは、次のようなものでした。①目まぐるしく変化した先の社会はどのようになっているのか、②その社会において活躍するこれからの子供たちにはどのような力をつけることが求められているのか、③学校そのものに求められる変化は何か。

あまりにも大きなテーマですが、これらのことについて考える手がかりとして、まずは学習指導要領の前文を紹介したいと思います。ここには次のように書かれています。

「これからの学校には……（略）一人一人の児童（生徒）が、自分のよさや可能性を認識するとともに、あらゆる他者を価値のある存在として尊重し、多様な人々と協働しながら様々な社会的変化を乗り越え、豊かな人生を切り拓（ひら）き、持続可能な社会の創り手となることができるようにすることが求められる」。

本稿では、このような前文が書かれた背景となったと思われる5つの社会変化について解説するなかで、これからの子供たちに身につけさせるべき力、学校に求められる学校ＤＸ等の変化について、オムニバス的に私見を述べていきます。

少子・高齢化

まず最初に認識すべきトレンドは少子高齢化です。我が国の人口は２０５０年に1億人まで減少し、生産年齢人口比率は約5割になると推計されています。この5割の人口で、残りの半分の年少者と高齢者を支えていかなければならない、というきわめて厳しい社会状況が想定されています。そこで重要になるのが労働生産性ですが、日本はＯＥＣＤ諸国でも下位にとどまっています。学習指導要領前文の「一人一人」は教育論として書いていますが、少子化が進むなかでは、まさに一人ひとりの子供たちが持っている（はずの）多様なよさや可能性を伸ばし、資質・能力を高めていくほかかない、という社会経済的な要請が存在するのです。

また、ここ20年で3世代同居の数が半減して、核家族や一人親世帯が増えており、地域における子育て世帯の割合も減っています。つまり子供たちの周りにいる子供の数も大人の数も少なく、他者とのコミュニケーションの総量が少なくなっている可能性が高いです。そうしたなかで、多様な他者と協働できる資質・能力を育むとなると、学校という場（＝毎日同じくらいの時間に同年齢や異年齢の子供たちが通ってきて、大人である教師が一定数いる、さらには学校を地域の核と位置づける取り組みが進むなかで地域住民のかかわりも増えている）が果たす役割が相対的に大きくなります。しかし、多くの子供は身の回りの数人としか深いコミュニケーションをしていない現実もあります。そんななかで、他者と交流したり、対話したりする機会をつくるためには、相当意識的な仕掛けが必要となります。そこにクラウド環境や協働的な学びを支援するさまざまなソフトウェアが効いてきます。

一方で、地域によっては統廃合も限界に来ており、肝心の学校自体が小規模化し、同質性を増していることも見過ごせません。学校外のさまざまな人材に学校教育への参画を求め、多様な意見や視点に触れ、対話する機会を意図的に増やす取り組みを、オンラインの活用でさらに充実させることも検討すべきです。また、「対話の相手」を生身の人間に限ると限界があるので、多種多様なデジタル動画やSTEAM動画を活用したり、他校の児童生徒の議論の様子などを教材にしたりすることにより多様性を補強し、そこから新たな観点に気づかせたり、深い議論につなげていく試みも充実させていくべきだと思います。

グローバル化

次にグローバル化について述べます。日本企業と外国企業とのM&Aは高水準で推移しています。対日直接投資は過去最高を記録しており、政府はさらに拡充する計画です。訪日外国人

は コロナ前で約3200万人まで伸びていましたが、政府は当面4000万人、いずれは6000万人まで拡大する計画を持っています。在留外国人は2022年末に307万人強と過去最高になっている一方、日本企業の海外事業所数は増加傾向にあり、海外に出ていく日本人も増えています。国立社会保障・人口問題研究所からは、2067年に人口1割が外国人になるとの推計（15～64歳でみれば2048年に到達）も出ています。すなわち、今われわれが育てている子供たちはかなり近い将来、今とは比較できないほど多様性を増した職場や地域社会で、多様な他者と協働することを求められるようになります。

一方で、OECDのPISA2018の結果では、日本の子供の読解力は高得点グループでしたが、自分の考えを他者に伝わるように根拠を示して説明することが苦手でした。内閣府の調査でも、「自分の考えをはっきり相手に伝えられる」若者の割合が国際的に見ると低い状況がありました。多くのビジネスパーソンの肌感覚とも符合する結果でしょう。多様な素材や観点をふまえながら自分の意見を形成し、自分なりの言葉で外化する活動や、対話・議論が学習に占める割合を増やし、こうした現状を変える必要があります。そこでデジタルツールが大きな役割を果たすのです。

ダイバーシティ&インクルージョン

子供たちの圧倒的多数が身を投じることになる産業界でも、今までは業界単位の「身内」のコミュニケーションが中心だったのが、分野や業界を越えて協働する場面が増えています。イノベーションの源泉は新たなアイデアを生み出すことですが、それらは多くの場合、既存知と別の既存知の新しい組み合わせから生じます。ここから、多様な人が一つの組織にいることの重要性や、異なる分野や業界と組んで発想することの重要性が導き出されます。

もとより社会政策の面でもダイバーシティ&インクルージョンは大きなトレンドです。2015年9月の国連サミットで持続可能な開発目標（SDGs）が全会一致で採択され、そのうちの一つに「質の高い教育をみんなに」（目標4）が掲げられています。この目標は、「貧困をなくそう」（目標1）、「すべての人に健康と福祉を」（目標3）等とも強く関連しています。

同じ国連のユニセフ「先進国の子どもの幸福度ランキング」によれば、日本の子供は、精神的幸福度・生活満足度、社会的スキルが低い点が課題となっています。不登校や不登校傾向のある児童生徒、外国人児童生徒、発達障害のある児童生徒、経済的に困難な事情を抱える子供たちなど、多様化する子供たちの個性を活かし、包摂していく必要があります。そのためには、GIGAスクール環境を最大限に活用し、個別最適な学びを実現するとともに、価値づけ、協働的な学びのなかで、こうした多様な子供たちの多様な意見や少数意見を可視化し、深い議論を行う活動を意図的に設定することが重要です。グループウェアを使った投票も、単なる多数決にするのではこれまでと変わりません。手軽に投票ができるのですから、むしろ少数者の意見を表出させ、多数者側もその立場に立って議論を深めていくような実践につなげるべきです。

どこまで合意できて、どこから先が合意できないのかを知る経験も、民主主義を発展させていくうえで大事です。こうした、私たち大人も十分にできていない丁寧な合意形成も、デジタルツールやサンプル動画、外部人材の参画などを工夫していくことで実現可能なのではないでしょうか。包摂的で、個が尊重される、意見が耳を傾けられる学校風土を実現するなかで、「一人一人の児童（生徒）が自分のよさや可能性を認識」できる学校、子供たちのウェルビーイングを向上させる学校のあり方が見えてきます。

デジタル化（Society5.0）

第四に、飛躍的なスピードで進むデジタル化です。政府全体として「Society5.0」として仮想空間と現実空間を高度に融合させ、人間中心の社会を創っていく、という目標の実現に向けて取り組んでいます。社会のあらゆるところにＡＩやロボティクスも含めたデジタルが行きわたるなかで、教育の場ではデジタル技術のよきつくり手やよき使い手を育成していかなければなりません。ルーティンではなく、ＩＣＴを高いレベルで使う仕事が増え、そうでない仕事は減ります。ＡＩやロボットで代替できる仕事は減り、代替できない仕事が増えます。これからはＡＩを使いこなしながら、思考・判断・表現したり、問題を発見・解決する力の育成も必要になってきます。国全体としてみればデジタルへの対応が国際競争力を左右するし、個人の生産性や幸せな人生を送れるかどうかにも大きく影響するでしょう。

ところが、わが国のデジタル競争力は非常に低く、しかも年々順位を落としています。GIGAスクールという前代未聞の構想が出てきた背景には、こうした状況があったことはおさえておく必要があります。「Society5.0時代に生きる子供たちにとって、PC端末は鉛筆やノートと並ぶマストアイテムです。今や、仕事でも家庭でも、社会のあらゆる場所でICTの活用が日常のものとなっています。社会を生き抜く力を育み、子供たちの可能性を広げる場所である学校が、時代に取り残され、世界からも遅れたままではいられません。」（萩生田光一文部科学大臣（当時）「子供たち一人ひとりに個別最適化され、創造性を育む教育ICT環境の実現に向けて～令和時代のスタンダードとしての1人1台端末環境～《文部科学大臣メッセージ》」2019年12月19日）。

毎日端末を授業で活用したり、文房具的に用いることは早急に到達すべき目標です。その上に立って、個別最適な学び・協働的な学び、主体的・対話的で深い学びを実現するなかで、Society5.0の創り手を育てていくことが求められています。そもそも、情報活用能力は学習指導要領に規定される「学習の基盤となる資質・能力」です。そうした能力を向上させるために、新たな技術である生成AIを含め、情報技術を使いこなすのは当然です。紙でできるとか、ICTを使わなくてもできるとか、というビフォアGIGAの発想では、ネクストGIGAについていけないし、何よりも子供の学習権を阻害することになってしまいます。

変化のスピード加速と人生100年時代

技術や知識の激しい変化を上回るスピードで人に投資し続けないと、知識は陳腐化してしまうという危機感が広がりつつあります。工場機械などの有形資産の陳腐化のスピードは年率10%と言われますが、人的な資本の価値は年40%のペースで失われるという衝撃的な推計もあります。

これだけ変化の激しい時代に人生100年時代と言われる長寿社会、生涯現役社会が重なるのだという現状認識も重要です。2007年に日本で生まれた子供が100歳まで生きる確率は50%と言われます。従来のわが国では、教育を受け、勤労し、引退するという3ステージで、願わくば一つの会社で勤め上げる、ということが社会的な規範でした。しかし、遅ればせながらわが国も、学んで、働いて、また学びの場に戻ったり、リスキリングしたりをくり返しながら人生を豊かにしていく、というマルチステージの時代に移りつつあります。コロナ禍でのテレワーク普及や、グローバルな人材獲得競争の激化を背景として、新卒一括採用を基本とするメンバーシップ型から、仕事内容にマッチする人材を社内外問わず採用するジョブ型が大幅に増えてきています。採用に占める中途の割合も過去最高になっています。現に若者の意識も大きく変わりつつあります。新入社員に「今の会社であと何年働くと思うか」と聞くと、3年以内に退職予定が約3割、10年以内が約5割です。転職やキャリアアップは当たり前で、そのたびに新しい文化や知識に出合い、人脈を新しくつくっていきます。さまざまな価値観を持った人が集うなかで、新しい商品やサービスを生み出していきます。わが国も遅ればせながらそんな社会に変化しつつあります。だからこそ、多様な他者と対話したり、議論したり、協働したりするスキルが今まで以上に大事になってくるのです。生涯にわたって学び続ける資質・能力・態度・習慣を育成する観点からは、学んだ結果としての知識の質を高めることはもとより、自分に合った学び方を獲得し、ブラッシュアップしていく経験、先生がいなくても学ぶ経験もさせてあげたいものです。ここでもデジタルツールが威力を発揮します。

いくつかの留意点

以上、ＧＩＧＡスクール構想が求められる背景、ＧＩＧＡスクール構想をさらに加速させ、ネクストＧＩＧＡを展望しなければならない理由について、学習指導要領前文を解説するなかで私見を述べてきました。残りの紙幅を用いて、留意点をいくつかあげ、本稿を閉じたいと思います。

第一に、個別最適な学びと協働的な学びの意義をしっかりとおさえる必要があります。まず、指導の個別化です。これはクラウド環境やデジタルドリルなどを十全に活用しつつ、子供たち自身に個別最適な学びを自己調整させていく取り組みを通じて、個々の子供たちに学習内容を確実に定着させようということです。一見協働的な学びと距離が遠く感じられるでしょうが、ここで育まれる基礎学力が協働的な学びの土台になるという側面と、この部分をデジタルの力を使って効率的・効果的に行うことにより、余剰の時間を生み出し、協働的な学びに割ける時間を増やすという二つの側面があります。次に、学習の個性化です。クラウド・デジタルを最大限に活用して一人ひとりに応じた学習活動や課題を提供することにより、おのおのの興味や関心、キャリア形成の方向性などに対応して学習を深め、広げることを可能にします。主たる教材である教科書を使いつつも、種々のデジタル教材やインターネットの先にあるさまざまな情報をもとに少しずつ異なった学習が生まれます。そんな子供たちが集まることにより、異なる考え方や観点が組み合わさり、協働的な学びの充実につながるという設計です。ここにクラウド環境の活用により、さまざまなデジタル教材・情報に常時接続できる環境や、共同編集機能・他者参照・途中参照機能がきわめて重要な役割を果たします。

第二に、「デジタルかアナログか、遠隔・オンラインか対面・オフラインか」といった、いわゆる「二項対立」の陥穽（かんせい）に陥らないことに留意すべきです。どちらかだけを選ぶのではなく、発達の段階や学習場面等により、どちらのよさも適切に組み合わせて生かしていくという考え方に立つべきです。デジタル時代にこそ、対面指導や子供同士による学び合い、多様な体験活動の意義が増していきます。学校でなければできない活動の重要性がよりいっそう高まっていきます。デジタルを活用することによってリアルが充実する、デジタルの活用により体験の質が上がる、対話的な学びの時間が増えるといった視点で取り組む必要があります。

第三に、変化が激しい時代、教育行政自体・学校自体・教師自身が認識や取り組みをアップデートし、アンラーンするマインドを持つ必要があります。私たち教育関係者は、いわば「子供に変わり続けることを求める存在」です。そんなわれわれが変わることを拒否するのは自己矛盾です。その意味で、端末やソフトウェアという、それ自体変化が激しいものが学校にインストールされた意味は大きいです。

そもそも新たなテクノロジーへの適応は子供のほうが圧倒的に早いです。何でも教師がわかっていないといけないという発想から脱却し、子供と共に教師も学んだり、子供にうまく委ねる発想が大事になります。思えば、わが国の教師は伝統的に、係活動や特別活動を通じて子供に委ねる取り組みが得意だったはずです。ＩＣＴも子供に一定程度任せ、教師は適切にフォローする側に回りたいものです。子供はまだ見ぬ可能性を担う存在です。教師が知っていることの範囲で教育活動を行うとか、教師のコントロールの範囲に収めるという発想では逆に成長を阻害してしまいます。

おわりに

高度経済成長期には「みんなと同じことができる」「言われたことをできる」、上質で均質な労働者の育成が社会的要請でした。平均点の高さを競うかたちで行われる大学入試を頂点とする選抜システムの制約も大きかったです。そうしたなか、本来学校段階が上に行くに従って自主性・自律性が高まり、高度な学びが行われるはずなのに、逆に正解（知識）の暗記の比重が高くなり、「自分で課題を見つけ、解決する力」や、議論したり対話したり合意したりする力の育成が不十分となりがちでした。クラスサイズやＩＣＴなどの条件整備面での制約も大きいなかで、「みんなで同じことを、同じように」を過度に要求する面が見られ、学校教育全体に「同調圧力」が蔓延したとの指摘があります。

むろん、それらのよさや世間の期待も一定あったわけで、一概にすべてを否定するのは行き過ぎだとも思いますが、こうした学校文化の基調がかなりの割合の子供に「生きづらさ」をもたらした部分があり、多様性を増すばかりの児童生徒集団との関係で機能不全をもたらしている側面があることに多くの教育関係者が気づき始めています。

今や誰でもできることは自動化が進み、「人と違うことに価値がある」時代です。正解主義、同調圧力といったものは、新たな価値の創造やイノベーションの対極に位置するものです。ＧＩＧＡスクール環境を最大限に使って、これまでの学校教育のよい部分を活かしつつ、その基調を「教師が主役」ではなく、「一人一人の児童生徒が主役」となるもの、今の幸せを含む、生涯にわたってのウェルビーイングに資するものに変えていく必要があります。

学校DXで学校はどう変わるのか

堀田　龍也（東北大学大学院教授／東京学芸大学大学院教授）

学校の情報化の遅れを自覚する

学校の情報化の程度が世間からずいぶん遅れていることが話題になって久しいですが、学校現場でずっと仕事をしている教師には、このことが案外伝わっていません。

今日では多くの人がスマートフォンを所持しています。これを使えば、いつでも映像によるオンライン通話ができます。メッセージの交換も簡単にできますし、写真や動画を送ることができます。複数人でのやりとりが同時にできることは、急いでいるときなどにはさらに便利です。職場の仲間とチャットグループをつくっている例は数多くあるでしょう。

飛行機や新幹線のチケットも、レストランの予約も、電話からスマホに移行しています。出張などに行くときには、電車の時刻をスマホで調べ、行き先の地図をスマホで確認します。現地の様子を写真で事前に確認することもできます。

こんなふうに、私たちの日常生活はすっかりデジタルの恩恵を享受しています。このデジタルの恩恵はスマホの普及による部分が大きいです。背景には、インターネットが高速化し、すでに社会基盤になっていることがあります。だから、何十年も前からそうだったわけではありません。この数年で急激に生じた環境変化です。

コロナ禍による臨時休業のとき、学校では「オンライン授業」さえ十分にできませんでした。当時はまだ1人1台の情報端末が十分に行きわたる前だったから無理もないことでした。しかしこのことは、教師が思っている以上に、公教育に対する一種の信用失墜を招きました。情報社会が進展している世間の常識と学校の常識が、ズレてしまっていることが露呈したのです。

その後、GIGAスクール構想によって、全国の小・中学校に1人1台の情報端末が導入されましたが、その後にたびたび学校が臨時休業になっても、家庭に持ち帰ってオンラインで学習することが許可されない学校や自治体がまだ存在しています。

全国学力・学習状況調査の学校質問紙では、情報端末の持ち帰り活用が調査対象となっていますが、いまだに「緊急時のみ」「持ち帰りは禁止している」と回答している学校があります。国がこういう調査を、しかも全国学力・学習状況調査の項目として実施していることのメッセージが届いていないのでしょうか。

ＩＣＴは学習の道具であると同時に、現在ではクラウドも含めて教育のインフラです。児童・生徒にとっては学習環境であり、教職員にとっては労働環境です。インフラが整っていない状況では、授業改善や働き方改革を行うのは困難であることは容易に想像できるでしょう。だからこそ、まずは国によって学習のインフラを急ぎ整備しようというのがＧＩＧＡスクール構想なのです。

ＧＩＧＡスクール構想をさらに推進するために、国は、児童・生徒だけでなく教師の情報端末を整備するための予算措置をし、Wi-Fi等がない家庭に対してWi-Fiルータ等を措置する予算を確保しました。ＩＣＴ支援員やＧＩＧＡスクールサポーターと言われる人的支援も用意し、「ＧＩＧＡスクール運営支援センター」の整備のために各自治体が民間事業者へ業務委託をするための費用の補助をしています。

これらの予算措置は莫大な金額に及びます。今後はこれらのインフラや環境がそろっていることを前提に教育政策が動いていくことを意味しています。それでもなお、現段階でまだ情報端末を持ち帰らせず、家庭からオンラインで学習する学習体験を与えていないというのは、児童・生徒にとっては学習機会の大きな損失であると言わざるをえません。

学校教育も「ＤＸ」を目指さなければならない

ＤＸ（デジタル・トランスフォーメーション）とは、デジタルによって生活・社会・経済など、世の中が便利に変容していくことです。冒頭に私たちの生活がスマホで便利になっていることを書きましたが、これはまさにDXの成果です。

DXに向かう道のりは、一般的に三つの段階に分けられ、これが段階的に進んでいき、最後にDXにたどりつくとされています（図）。

第一ステップの「情報のデータ化（デジタイゼーション）」は、アナログの情報をデジタルのデータ形式に変換することです。学校教育においては、たとえば教科書や学校からの通知をデジタルにすることで、ペーパーレス化や再利用可能性を高めるなどのメリットがあるとされています。

第二ステップの「業務のＩＣＴ化（デジタライゼーション）」は、第一ステップで情報がデータ化されている前提で、業務そのものをＩＣＴ化することです。学校教育においては、たとえばこれまでは紙で配付していた課題をデジタルで配付したり、保護者面談の日程調整をクラウドツールで行うなどがあげられ、これによって業務は部分的には楽になることが

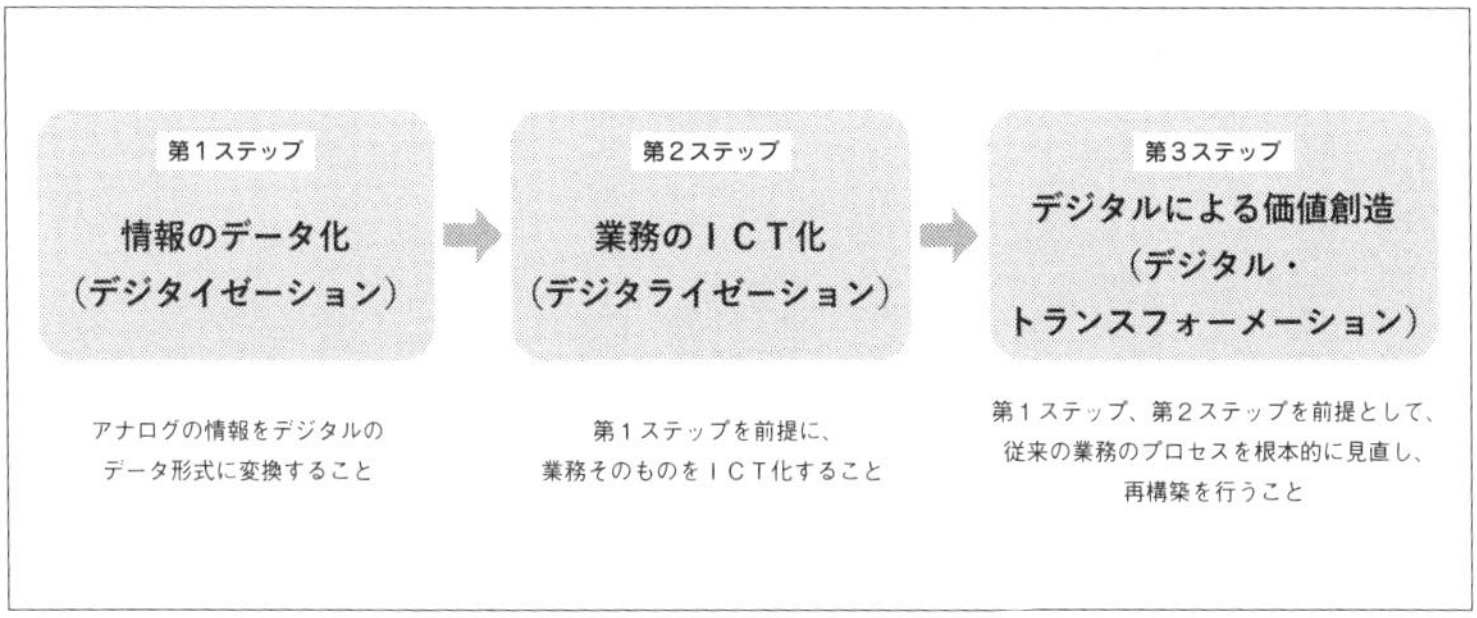

第１ステップ	第２ステップ	第３ステップ
情報のデータ化（デジタイゼーション）	業務のＩＣＴ化（デジタライゼーション）	デジタルによる価値創造（デジタル・トランスフォーメーション）
アナログの情報をデジタルのデータ形式に変換すること	第１ステップを前提に、業務そのものをＩＣＴ化すること	第１ステップ、第２ステップを前提として、従来の業務のプロセスを根本的に見直し、再構築を行うこと

図　ＤＸへの３つの段階

知られています。

第三ステップの「デジタルによる価値創造（デジタル・トランスフォーメーション）」がDXです。第一ステップで情報がデータ化され、第二ステップで業務がICT化していることを前提として、従来の業務のプロセスを根本的に見直し、再構築を行う段階です。

学校教育においては、たとえば場所や年齢にかかわらず教育を受けることができることがあげられます。このステップに届いたときに、はじめて教育がDXしたということができるのです。

単に授業や校務でICTを使うだけでは、便利になったといえども部分的に過ぎず、抜本的な業務改善になっていないという意味でDXとは言わないことに注意が必要です。

第一ステップと第二ステップは、「情報のデータ化」と「業務のICT化」という違いはあっても、それまでの個別の業務をデジタルに移行することであるのに対して、第三ステップは既存の業務を前提にせず、むしろそれを大きく変容させることがイメージされているのがポイントです。

つまり、第三ステップのDXまで行けば、教育制度の見直しをはじめとして教育のあり方が大きく変化するということになります。これこそが「令和の日本型学校教育」を実現することであり、そのための基盤整備がGIGAスクール構想なのです。

注意すべきことは、第一ステップと第二ステップを経ることなく第三ステップであるDXが到来することはないということです。すなわち、まずは業務や学習活動で取り扱うデータをデジタル化し（第一ステップ）、業務や学習活動をＩＣＴで行うようにすること（第二ステップ）が必要とされるのです。

学校現場では、まだ「紙でできることをなぜＩＣＴでやる必要があるのか」と主張する人たちがいます。その結果、現段階でも学校の職場環境は劣悪なままです。児童・生徒に個別最適な学びを保障していく必要がある今、教師の人力だけでこれを乗り越えることはもはや不可能です。

紙でもデジタルでもいいことは、これからはデジタルでやるようにすべきです。そうしていかなければ、手間とコストが下がりません。まずは、授業時のワークシートをクラウド上に置くこと、学校からの配付物をＰＤＦ等で配信すること、毎年少しずつデジタル教材の採択の割合を高くしていくこと、それによって収集される学習ログ等を利用して教師が児童・生徒に対面で温かい指導を行うことができるよう、バックヤードのデジタル化を急ぐ必要があります。

また、授業でのＩＣＴ活用を検討するとき、一足飛びに「有効な活用は何か」と考えることが急ぎ過ぎであることがわかるでしょう。第一ステップや第二ステップが授業内でも進んでいくなかで、それらに慣れた児童・生徒と教師たちの間で生じる学習方法・学習支援方法の変化を待つ必要があるのです。

児童・生徒はこれらの学習経験を通して、情報活用能力を身につけていきます。情報活用能力は、学習指導要領総則に「学習の基盤となる資質・能力」として示されています。教科等横断的に育成することになっている情報活用能力の育ちを、学校として確実に把握し、個々の児童・生徒に応じて身につけさせることができているかが問われるのです。

これから児童・生徒に求められるのは、情報端末を常時活用し、どのクラウドツールを用いて作業をするかを自己決定し、可視化された友だちの学習状況を必要に応じて適宜参照しつつ、自らの学習を進行するという学習スキルです。

学習過程における自分の現在地をメタ認知し、さらに必要な情報を収集したり、あるいは思考ツール等を用いて情報を整理したり、自分の学習の現状を発信して友だちから意見をもらいやすくするなどの学習経験が求められます。

これから数年の間に、教科書は大きくデジタル教科書にシフトします。デジタル教科書はデジタル教材と連携してこそ学習効果が向上します。デジタル教科書の無償給与は継続の方向で検討が進んでいますが、一方でデジタル教材については、紙の教材がそうであったように受益者負担の競争領域です。

児童・生徒の実態を明確に把握したうえで、限られたコストをどこに投入するかという学校経営的な目線は、今後さらに重点化されることになります。管理職の責任範囲は大きくなり、デジタルを前提にしたビジョン主導の学校経営の手腕が期待されるのです。

2章

学校ＤＸを実現する基盤をつくる

学習系・校務系を横断する学習eポータル

稲垣　忠（東北学院大学教授）

端末・クラウドの日常利用

ＧＩＧＡスクール構想で整備された児童・生徒1人1台の端末と高速なネットワーク環境により、学校の日常は大きく変化しつつあります。（教師が目指す）授業を実現する道具として、教師が使う場面や使い方をきっちり指示・指導するような使い方は、ＧＩＧＡスクール以前の限定的なＩＣＴ環境のもとでの話です。児童・生徒の学びを支え・拡張する道具として、端末を使う場面や使い方を自分たちで選択・活用できるように教師が学習環境を整え、個別に必要な支援・指導を行うようになりました。

授業のほかにも、日々の連絡、委員会活動や学校行事、端末を持ち帰っての家庭学習など、授業外の日常的な利用が進んでいる学校では、児童・生徒のスキルやモラルが高まり、教師や保護者の理解が進み、学校ＤＸが進んでいます。「授業の道具」の発想から抜け出せない学校との間で格差が広がりつつあります。

児童・生徒による日常的かつ個別最適な端末の使い方を支え、学びの足跡を残し、相互参照や同時編集で協働する場を提供するのがクラウドです。端末とネットワークがＧＩＧＡスクール構想の物理的な基盤だとすれば、クラウドは各種のアプリケーションを提供し、データを蓄積・共有するサービスの基盤です。従来の学校や教育委員会にサーバーを設置する方法はオンプレミスと呼ばれます。サービスを提供する企業が運用するクラウドに直接アクセスする方法に移行することにより、コストの削減や学校の内外からのアクセス、常に最新のサービスを使用できるなどのメリットを享受できるようになりました。一方で、児童・生徒も教職員もクラウドを使用する際のアカウントが必須になりました。

デジタル教科書、ドリル教材、授業支援ツールなど、児童・生徒が使用するサービスのほとんどをクラウドから使用できます。その際、通常はサービス提供企業ごとに異なるアカウントが必要となります。サービスごとに異なるＩＤ・パスワードを管理し、利用するつどサインインするのは効率的ではありません。そこでアカウントを相互に連携させ、一つのＩＤ・パスワードでほかのサービスを使用できるようにするＳＳＯ（シングル・サイン・オン）を実現することで利便性が高まります。学習ｅポータルのメリットの一つは、このＳＳＯです。

２０２３年度の全国学力・学習状況調査の中学校英語「話すこと」および生徒質問紙調査では、学習ｅポータルから連携する文部科学省ＣＢＴシステム（ＭＥＸＣＢＴ：メクビット）が利用されました。「話すこと」調査ではデータが取得できないなどの不具合が生じましたが、ＭＥＸＣＢＴには各自治体が作成したテスト問題、ＰＩＳＡの公表問題、検定問題等が登録されており、自動採点に対応するものもあります[①]。

こうした活用は学習ｅポータルの端緒にすぎません。クラウドに蓄積される教育データを縦横につなぎ、分析し、活用するネクストＧＩＧＡ環境の基盤となるのが学習ｅポータルです。「話すこと」調査のトラブルを含め、十分に成熟した環境とは言い難い状況にありますが、本稿では、学習ｅポータルの基本的な役割と今後の活用イメージ、現在の学校および設置者に求められる役割について述べます。

学習ｅポータルがつなぐもの

はじめに、学習ｅポータルの概要について述べます。学習ｅポータルという名称の商品があるわけではありません。日本の初等中等教育を対象に、さまざまな学習活動のポータル（入口）をつくるには、サービス提供各社とアカウントやデータをやりとりするハブとなる役割が必要になります。このハブの役割を担うソフトウェアの一般名称として「学習ｅポータル」と呼称されています。２０２３年４月現在で10社が学習ｅポータルをそれぞれの製品名で提供しており、当然のことながら、学習eポータルそれ自体についても、各社はクラウドサービスとして提供しています。児童・生徒の在籍者数5千人以上の自治体を対象とした調査によれば、2023年4月現在で85%の自治体が学習eポータルを導入しています。[2]

ハブになる学習eポータルとサービス提供各社との間のやりとりを標準化することで、SSOやサービス間の連携がしやすくなります。一般社団法人のICT CONNECT21が学習eポータルの仕様を示す「標準モデル」を公表しています。[3] 2023年3月にVer.3.00が公開され、すでに4.00の策定に向けた議論も進んでいます。つまり、学習eポータルは完成形ではなく、日々進化し続けているのです。「学習eポータル標準モデルVer.3.00」が想定している構成を確認してみましょう。図には関連するシステムが記載されています。専門用語がやや多くなりますがご容赦ください。

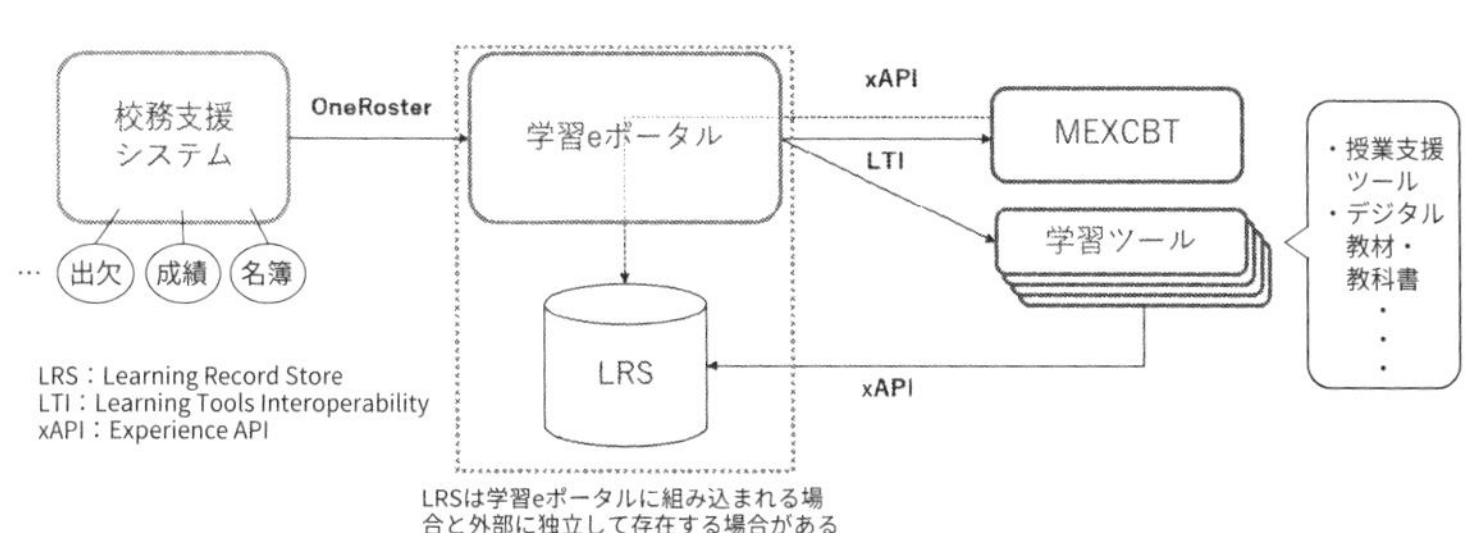

出典）一般社団法人 ICT CONNECT21「学習 e ポータル標準モデル（2023 年 3 月 29 日）Ver.3.00」https://ictconnect21.jp/ict/wp-content/uploads/2023/03/learning_eportal_standard_V3p00.pdf をもとに筆者作成

図　学習 e ポータルの構成（標準モデル Ver.3.00 より）

学習eポータルの直下にあるLRSとは、Learning Record Store、つまりさまざまな学習履歴（スタディ・ログ）を保管する場所です。右側にあるMEXCBTや、授業支援ツール、デジタル教材・教科書等のさまざまな学習ツールを使用した際のログが保存されます。左側には校務支援システムがあります。名簿、成績、教材などのデータをやりとりすることが想定されています。

矢印にはxAPI、LTI、OneRosterなどの用語が並んでいますが、これらは学習ログ、学習ツール間接続などを相互運用するための国際規格です。言い換えれば、学習eポータルの規格の大部分は国際規格に準拠しています。今後、海外の優れたコンテンツ、ツール等を導入する際や、国内で開発された教材等を海外の教育現場に広めるうえで、大きな強みになるでしょう。

学習eポータル導入のメリット

さまざまなサービスをつなぐハブである学習eポータルの導入にはどのような利点があるのでしょうか。ICT　CONNECT21のまとめページには、学習eポータルが実現するデジタル学習環境のイメージビデオが掲載されています。ビデオの内容をもとにポイントを述べます。なお、現時点での学習eポータルには未実装の点があることにご留意ください。

(1)　利便性

さまざまなサービスがデータ連携することにより、SSOだけでなく、デジタル教科書からドリル教材の問題に遷移する、授業支援ツールからデジタル教材を呼び出すなど、相互に行き来しやすい環境が目指されています。時間割などのスケジュールと校務支援システム上の年間指導計画とが連携すると、ログインするだけで今学習している場面に関連するコンテンツが表示されることも考えられます。

(2) データの有効活用

デジタル教科書で学んだあと、授業支援ツールで協働学習に取り組み、ドリルで個別に習熟するといったサービスを組み合わせて利用されるようになりました。児童・生徒がサービスを自身の興味・関心や学習状況に応じて選択する場合もあります。この際、サービスごとに蓄積される学習履歴では、児童・生徒の単元を通した学びを把握することはむずかしくなります。「ダッシュボード」（詳しくは本書３章１５６頁の渋谷区の例を参照）と呼ばれる各種サービスの履歴をまとめて表示する機能が学習ｅポータルを経由して実現されると、教師は児童・生徒の学習を把握し、支援しやすくなるだけでなく、児童・生徒が自分で学習状況を確認し、自己調整する機会をつくることにもつながります。

(3) 切れ目のない学び

学習ｅポータルはクラウド利用を前提とするため、災害時、不登校などの状況においても、学びの入口として利用することができます。また、サービス間の標準化が進むことで、転校時のアカウント移行が容易になります。教師は、すぐにこれまでの学習状況を確認でき、児童・

生徒はその自治体で採用しているポータルを通して各種サービスを利用できるようになります。進学の際には、LRSに蓄積された記録を持ち上がることにより、これまでの学習の得意・不得意な部分を教師が把握し、支援に活かすといった活用も期待されます。

校務支援システムのクラウド化

学習eポータルは、児童・生徒が学びやすくなる環境をつくるものであると同時に、教育データを相互に連携させて蓄積することで、児童・生徒の学びの自己調整の支援や、教師・管理職による分析・活用を可能にするものであることを示してきました。こうした教育データの活用を進めるうえで鍵を握るのが、校務支援システムです。

校務支援システムでは、学籍、出欠の管理、成績、時間割、年間計画、保健情報、体力テストなどさまざまなデータを統合的に扱うことができます。もちろんこれらは児童・生徒の個人情報であり、その利活用には細心の注意を払う必要があります。そのため、従来では学習用のネットワークと校務用のネットワークは分離し、校務系は地域によってはインターネットとも接続せずにオンプレミスのサーバー上で校務支援システムを使用してきました。ところが、ここまで述べてきた学習eポータルは、学習系のサービスと校務系のサービスのデータを相互に連携させることが前提となっています。そのため、校務支援システムのクラウド化が進んでいます。

教育情報セキュリティポリシーに関するガイドラインも2022年3月に改訂されており、クラウド利用を前提に、ネットワーク分離からアクセス制御による対策へとシフトすることが示されています。④こうした厳密なユーザー認証と通信経路の暗号化により高いセキュリティを実現することをゼロトラストモデルと呼びます。一方で、２０２３年現在でも、ＵＳＢメモリで個人情報を持ち出し、紛失したといった報道がされることがあります。いまだにパスワードの付箋紙がＰＣに貼り付けてあるのを見かけることもあります。学習ｅポータルを通した教育データのフル活用を進めるには、クラウドベースの校務処理へと移行することと、教員のセキュリティ意識の強化が欠かせません。

教育データの活用に向けて

学習ｅポータルの概要、今後実現が目指されている方向性、校務支援システムとの連携とセキュリティの考え方について述べてきました。特定のアプリや教材を活用することと、学習ｅポータルを導入することはまるで違います。授業場面での活用を考えるだけでなく、日常的に使い、校務ともつながっていきます。デジタル庁が示している「教育データ利活用ロードマップ」には、学習ｅポータルをハブにしながら、学校教育のみならず、社会教育や民間の教育サービスとも連携し、「誰もが、いつでもどこからでも、誰とでも、自分らしく学べる社会」を実現する方向性が示されています。⑤

ここで、端末の活用から教育データの活用へシフトチェンジしていくうえで、教育委員会、教員に今、チャレンジしていただきたいことをお伝えします。

学校設置者である教育委員会は、学習eポータルや校務支援システムを含めた教育データ活用のビジョンを示す役割があります。ビジョンは策定することが目的ではありません。教員、保護者、多くの関係者にビジョンを広め、理解を求めていただきたいと思います。

少子化の進展、不登校、多忙な教育環境等、多くの課題が山積するなかで、学校だけで問題を解決することには限界があります。部活動の地域移管、コミュニティ・スクール、社会教育や民間サービスとの連携など、学校の内と外をつなぐうえで、コミュニケーションと情報の円滑なやりとりが基盤となります。GIGAスクール構想は、学校の外では当たり前になっているクラウドを基盤としたコミュニケーションを学校現場に持ち込む嚆矢（こうし）となりました。

地域で開発した教材や社会教育施設へのリンクを学習eポータルに載せるだけでも、地域の教育資産を児童・生徒につなぐことができます。完成形は待っていても降ってきません。学習eポータルを基盤とした教育データ活用に向けて、学校教育・社会教育の垣根を越えたビジョンを描けるかどうかが問われています。

教員にとって学習eポータルは、それ自体で何か授業が改善されるとか、新たな学びを生み出すものではありません。一方、学習eポータルを経由して統合されていく教育データから、今後さまざまな指標が可視化されていきます。そのとき、自身が子どもたちの学習過程や成果物をどう評価しているのか、教材をどう分析しているのか、子どもたちとどう向き合っているのかが問われます。学びの質にこだわった授業に取り組み、子ども一人ひとりの学びを豊かに語ることができる教員にとって、教育データは強力な味方になるはずです。

〈参考文献〉

①文部科学省ＣＢＴシステム運用支援サイト、https://support2.mexcbt.mext.go.jp/
②日本経済新聞「ＮＥＣ、『全国の教育委員会におけるデジタルツール導入状況に関する実態調査』の結果を発表」、２０２３年６月23日
③ＩＣＴ　ＣＯＮＮＥＣＴ21「学習ｅポータル」まとめページ、https://ictconnect21.jp/document/eportal/
④文部科学省「教育情報セキュリティポリシーに関するガイドライン」（令和４年３月）、https://www.mext.go.jp/content/20220304-mxt_shukyo01-100003157_1.pdf
⑤デジタル庁、総務省、文部科学省、経済産業省「教育データ利活用ロードマップ」２０２２年1月7日、https://cio.go.jp/sites/default/files/uploads/documents/digital/20220107_news_education_01.pdf

教育データ活用の未来

田村　恭久（上智大学教授）

ＧＩＧＡスクール構想の推進により、学校現場に児童・生徒用のパソコンやタブレットが導入され、インターネットを通じてさまざまな情報を児童・生徒に届ける環境が整備されました。一般的に、ＩＣＴの利活用による社会のデジタル化は、①情報のデータ化、②業務のＩＣＴ化、③デジタル化による価値創造、という段階で進むことが知られています。これらのうち、「便利になった」「楽になった」「新しいことが可能になった」と感じられるのは③の段階、すなわちデジタル・トランスフォーメーション（ＤＸ）が実現した段階です。これに先立って①と②を終えることが必要ですが、これらは事業者の合意形成や実装の検証などに多くの労力を要します。

教育データ活用を推進する省庁の取り組み

文部科学省やデジタル庁などは、現在上記の①②を推進すると同時に、③を見据えて議論を整理しています。以下、筆者がかかわっている①②③の事業をご紹介します。

(1)　文部科学省　教育データ標準に関する連絡協議会

２０２２年8月から３回開催されています。ここでは「教育データ」を広く捉え、学齢簿から生成され校務支援システムで扱う児童・生徒の情報や、学習ｅポータルや各種学習ツールが扱う情報全体を対象としました。この中で、対象を主体情報（誰が）、内容情報（何を）、活動情報（どうした）に分類し、主体情報として学校コードや教育委員会コード、内容情報として学習指導要領コードを公表しました。これらを含む成果を「教育データ標準３・０」として公開しています。上記の①情報のデータ化に対応する、基礎的かつ重要な作業です。

(2)　文部科学省　学習ｅポータルに関する専門家会議

２０２３年1月から３回開催されました。学習ｅポータルとは、一般に学習管理システムやＬＭＳ（Learning Management System）と呼ぶシステムの日本における呼称です。児童・生徒が最初にアクセスし、学びに必要な情報を見ることができます。

ここでの議論の前提となる分散型学習支援環境に言及します。学習にかかわるさまざまな情報や機能を、単一のシステムに集約する方法もあります（20年前はこれが一般的でした）が、機能の追加や、システムの置き換えに多大なコストがかかるという弊害が近年明らかになりました。これを避けるため日本では、IEdTechが提唱したＮＧＤＬＥ（Next Generation Distributed Learning Environment）を参照し、さまざまな機能をサブシステムに分散配置し、それらの間で情報交換する仕組みを採用しています（**図1**）。この情報交換の取り決めを標準化しておけば、校務支援システム、学習ｅポータル、ＣＢＴなどを他社製品に容易に置き換えられます。

　この専門家会議では、分散型学習支援環境における情報交換形式を、国際標準規格に基づいて規定しました。この結果を「学習ｅポータル標準モデル」（最新版は3.00）として公開しました。上記のデ

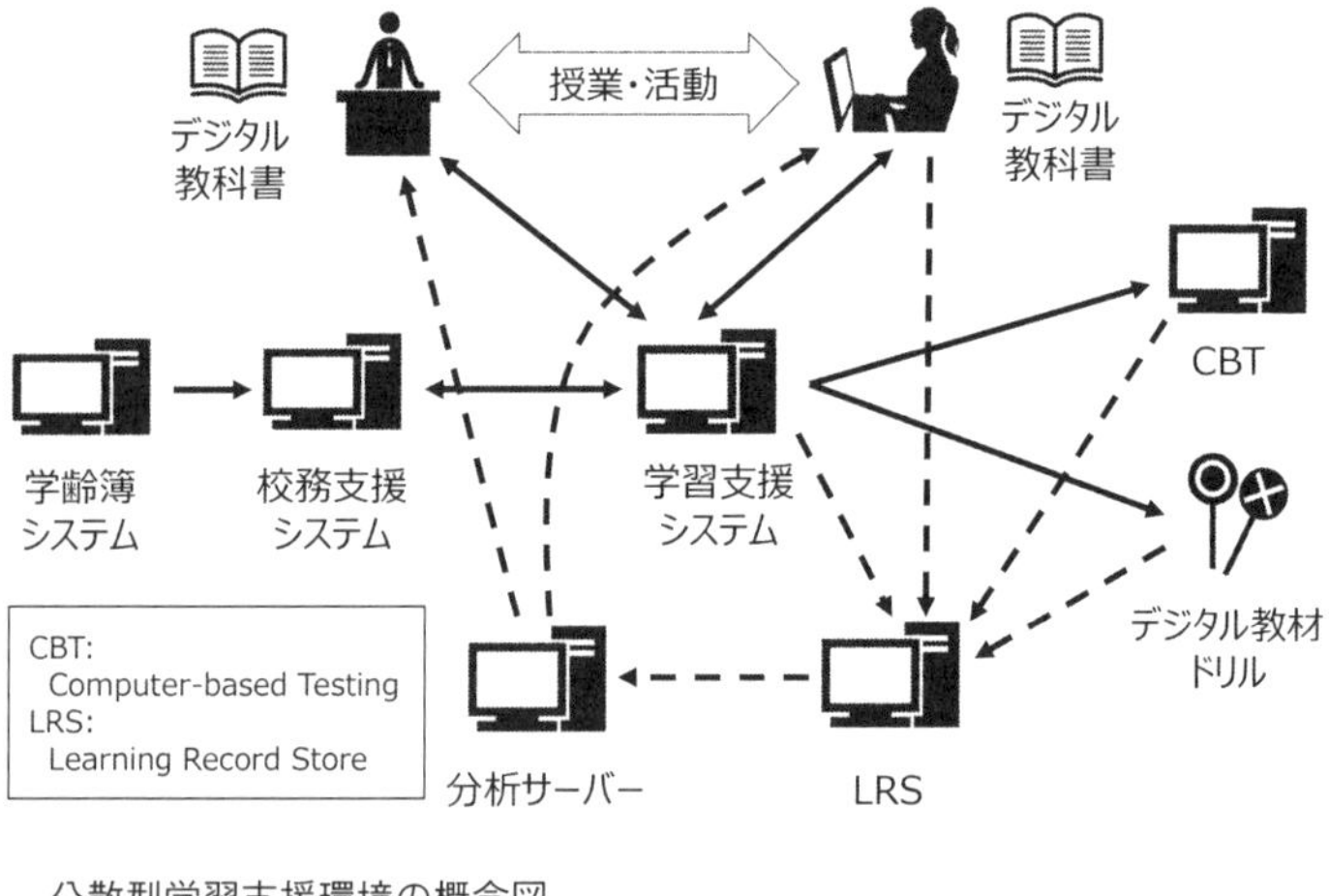

図１　分散型学習支援環境の概念図

ジタル化の段階における①情報のデータ化と②業務のＩＣＴ化に対応しています。

(3) デジタル庁　教育関連データのデータ連携の実現に向けた実証調査研究

２０２２年9月から、前述の「学習ｅポータル標準モデル」で定める情報交換形式を、実際のサブシステムで実装・検証しました。この結果はデジタル庁のＷｅｂページで公開されています。上記のデジタル化の段階における②業務のＩＣＴ化に対応する事業です。

(4) 文部科学省　教育データの利活用に関する有識者会議

２０２０年7月以降18回開催されました。この会議では教育データのなかでも、とくに児童・生徒が学習活動を行った履歴データ（スタディ・ログ）が対象です。スタディ・ログは児童・生徒が学習ｅポータル、デジタル教科書・教材、ＣＢＴなどにアクセスした際に自動的に取得できます。これを分析・集計すると、従来の授業や授業外学習では観察できなかった児童・生徒の様子を見取ることができます（**図1**の点線で示すデータの流れ）。

一方で、スタディ・ログは個人情報に属します。このため、個人情報保護法に規定されている個人情報保護のあり方に照らして、スタディ・ログの管理運用方法や児童・生徒（あるいは保護者）への同意方法を議論しています。この議論をもとに、２０２１年3月に「論点整理（中間まとめ）」が公開され、２０２３年3月に「教育データの利活用に係る留意事項」がまとめられました。これは、上記のデジタル化の段階における③デジタル化による価値創造を見据え、それに伴うリスクを議論しています。

スタディ・ログの利活用

次に、教育データのなかのスタディ・ログに着目し、この取得・分析・利活用を行う「学習分析」について述べます。

(1) 学習分析とは

スタディ・ログや学習履歴と呼ぶデータを取得・分析・利活用することを学習分析（Learning Analytics）と呼びます。スタディ・ログを取得・分析する研究自体は1960年代から存在しましたが、パソコンやタブレットPCの普及、インターネットの一般利用などにより、2010年前後から一般に認知されはじめました。

図2の左側に示すように、従来は生徒の学習活動や振る舞いは教員が目視で見取り、授業中の発問やドリル・テストの解答によって内容の理解度を把握していました。しかし、とくに生徒数が多いクラス

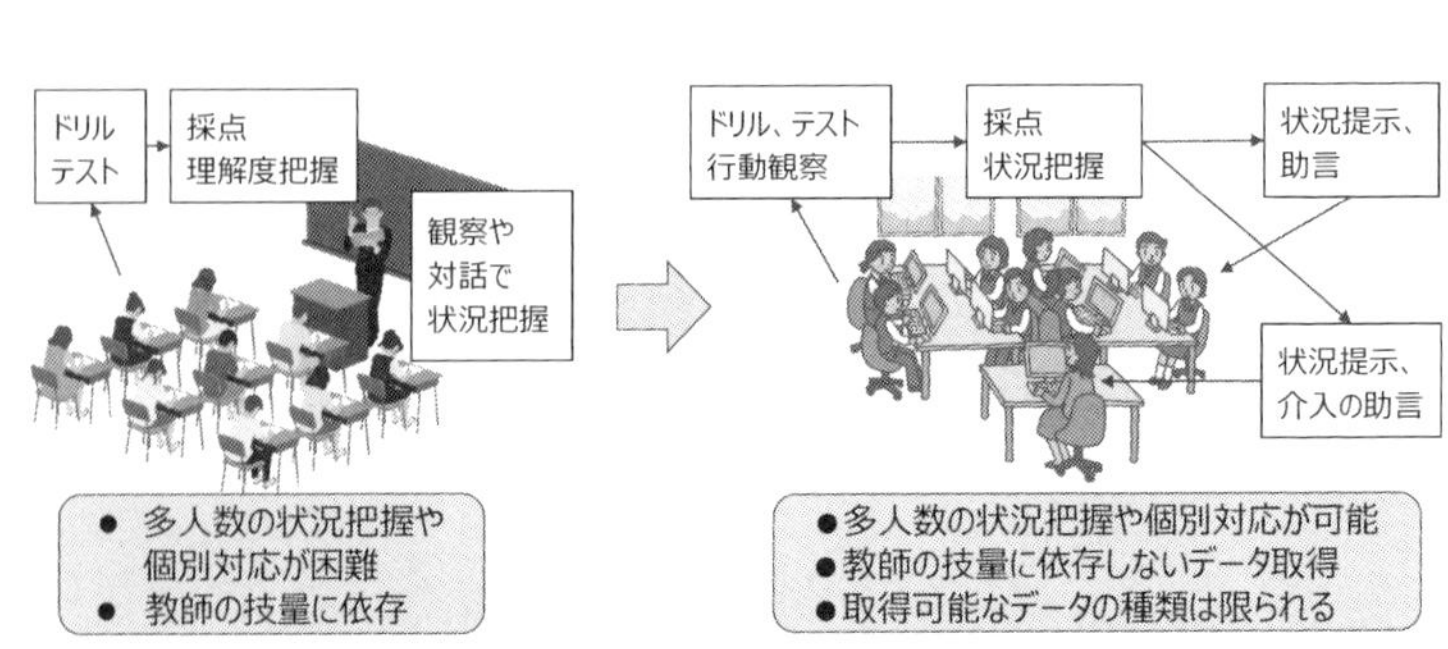

図２　学習分析による授業の変化

での見取りや個別対応は、教師の経験や技量に依存します。これに対し、生徒の学習活動や振る舞いを自動的に取得し、そのデータを分析することで、教師の経験や技量に関係なく、ある程度の状況把握が可能になります。これを教師に提示することで、個々の生徒への介入を支援できます。また、状況や個別対応の助言を生徒に直接提示できます。

ここまで読まれると、「パソコンで見取りができるの？」「もう教師はいらないの？」と思われる方も多いと思いますが、学校現場に展開できる学習分析技術は現在、そこまで成熟していません。学習分析の研究で扱うさまざまなデータの粒度別分類を**表**に示します。左の「学習の結果」を扱う研究は成熟期にあり、教育現場での実用化が各国で始まっています。たとえばオンラインの大学では科目の修了率が低く、この向上が課題です。そこで、過去に当該科目を脱落した学生の履歴（授業参加やレポート提出など）を分析し、それに類似する行動をとる学生に介入することで、修了率が向上した例があります。

一方、**表**の「学習過程の自然文」「生徒の振る舞い」「生徒の生理状態」を扱う研究は存在しますが、データ処理の問題（とくに自然文を分析する自然言語処理技術の限界）やデータ取得の限界（心拍計をクラス全員に装着するコストなど）があります。ただし、こういったデータを用いることで、学習内容の理解度、生徒の学びに向かう態度（集中の度合いやストレス状況）や状況制御（メタ認知的方略の使用）を可視化できる可能性があり、今後の研究の進展を見守る価値があります。また、教科書への下線やハイライトの追記については実証実験が行われています。

(2) スタディ・ログを扱う際の要考慮点

スタディ・ログは「誰が」「いつ」「何を」「どうした」という情報を含みます。このため、EUではGDPR（一般データ保護規則）の対象となっており、日本では「個人情報の保護に関する法律」に則る必要があります。スタディ・ログを収集する際には、一般的な個人情報保護と同様に、児童・生徒や保護者に対して使用目的を明示し、同意を得る必要があります。また同法では、スタディ・ログを含む個人情報の管理責任は公立学校では教育委員会が担い、学校に対する情報の安全管理の監督、生徒に対する同意取得、委託先の監査を行うものとしています（「個人情報の保護に関する法律についてのQ&A（行政機関等編）」〈2022年4月更新版〉参照のこと）。

前述した文部科学省「教育データの利活用に関

表　スタディ・ログの種類、実用化段階、把握対象

ログの種類	学習の結果	学習過程の自然文	生徒の振る舞い	生徒の生理状態
ログの例	出席 科目の成績 ドリル・テスト解答	解答・説明の記述 メールやSNSの内容 意見や議論の内容	教材へのアクセス ハイライト、下線、表情 視線、ジェスチャー	心拍、血圧、発汗 皮膚電気活動
粒度	粗	中	細	超細
段階	実用化段階 退学予兆予測 適応型テスト	研究段階 自然言語処理 技術の適用が困難	研究段階 生徒の振る舞いと 学習の関係が 十分明らかでない	研究途上 生理状態と学習の 関係が十分明らかか でない
把握対象	科目の達成度 単元の内容理解	内容理解 コミュニケーション能力 学びの認知負荷	内容理解 コミュニケーション能力 学びの認知負荷	学びの認知負荷 自己制御 メタ認知スキル

する有識者会議」では、教育データの有効活用（スタディ・ログを用いた個別学習支援など）を目指しつつ、個人情報の適正な取り扱い、プライバシー保護やセキュリティ対策への留意点が議論されています。

(3) 教育の未来と学習分析

学校における学びが今後向かう方向性として、OECD Future of Education and Skills 2030が提唱されています。これは、日本における学習指導要領の改訂にも大きな影響を与えており、「主体的な学び」「対話的な学び」が注目されるようになりました。また、教科横断型のスキルである「学習方略」「粘り強さ」「批判的思考」「問題解決能力」「自己認識・管理能力」などにも関心が高まっています。

しかし、主体的な学びや対話的な学びの程度を評価する手段はあるのでしょうか。学習方略や粘り強さなどのスキルを評価するには、どのようなエビデンスをもとに評価するのでしょうか。このトピックは教育学の分野で議論が盛んになっていますが、個人的には抽象的・観念的な議論や提案が多い印象を受けます。

こういった状況のなか、前述した学習分析を用いたスキル評価の研究は注目に値すると考えます。学習分析研究のなかでもスキル評価は黎明期にあり、研究の蓄積が強く要求されている分野です。学習分析によるスキル評価の利点は、実際の生徒の振る舞いデータなどを自動取得することにより、客観的な評価が可能になることです。一方、どのようなデータから対象となるスキルを評価できるかという妥当性については、研究成果の蓄積を待つ必要があります。筆者の研究室でも、児童・生徒が持つ学習戦略タイプの推定、自己状況の把握の巧拙の推定、動機づけの評価などの研究を行っています。

このようにまだ発展途上の段階ではありますが、学校の学びの方向性が変わりつつある現在、学習分析が教育の未来を支える基礎となる可能性は高いと考えます。その意味で、研究者としていっそうの努力を期待されていると感じますし、また現場の先生方や事業者の方々とのコミュニケーションや情報交換を積極的に行う必要があると考えます。

ＡＩ時代の情報活用能力とデジタル・シティズンシップ

坂本　旬（法政大学教授）

はじめに　GIGAスクール構想がもたらしたもの

ＣＯＶＩＤ―19（新型コロナウイルス感染症）流行とＧＩＧＡスクール構想は、学校教育の情報化に大きな影響をもたらしました。いうまでもなく、ＣＯＶＩＤ―19流行によってＧＩＧＡスクール構想は前倒しされ、１人１台の端末を用いたオンライン学習やリモート学習が求められたからです。そして、２０２２年にはChatGPTに代表される生成ＡＩの普及が教育界にも衝撃を与えました。ＡＩ時代の到来とともに、情報活用能力の内容もまた変化を余儀なくされています。

しかし一歩世界に目を向けると、日本での議論とは様相が大きく異なります。議論の焦点はもっぱら偽・誤情報、陰謀論、プロパガンダに対抗するための教育です。これまでの文部科学省を中心とした審議会では、これらの問題に対する議論が驚くほど欠けています。日本でもこれらの問題は深刻であり、何の対応もしなくていいような状況ではありません。たとえば、ＰＩＳＡ２０１８の読解リテラシーに関するテストでは、日本の児童・生徒はテキストから情報を探し出す問題やテキストの情報の信憑性の評価を行う問題が不得意であることがわかっています。このように日本では、批判的思考力の育成が不十分であることが判明しているのです。

　しかし、総務省はこれらの問題に対してさまざまな委員会や検討会を経て議論を積み重ね、新たな政策を策定しています。つまり、グローバルな視点から見れば、世界の潮流から取り残された文科省の政策と、世界の潮流に対応しつつある総務省の政策との対比が明瞭になりつつあるのです。それは偽・誤情報、陰謀論、プロパガンダへの対応にとどまりません。誹謗中傷やヘイトスピーチ、ネットいじめ、スマホ「依存」などさまざまなデジタルにかかわる問題が、子どものみならず、大人社会にも大きな課題となっています。

　そのことが示されたのは、文科省の政策ではないデジタル・シティズンシップ教育の広がりです。デジタル・シティズンシップの概念はすでに総務省の政策の柱の一つになっており、学校現場で文科省ではなく総務省の教育政策が普及しつつあるという、これまでにない状況がみられるようになりました。文科省もまた総務省と同様に、世界の潮流に対応した新たな政策に転換する必要があります。

情報活用能力に欠けているオンライン情報評価能力

情報活用能力という用語には注意が必要です。文科省は情報活用能力の英訳として、「Information Literacy」という用語をあてています。この用語には「活用」にあたる単語は含まれていません。また、情報活用能力の内容もけっして「活用」にはとどまっていません。文科省による情報教育の目標には「情報活用の実践力」「情報の科学的な理解」「情報社会に参画する態度」の三つが含まれますが、そのなかでも「情報活用の実践力」とは「課題や目的に応じて情報手段を適切に活用することを含めて、必要な情報を主体的に収集・判断・表現・処理・創造し、受け手の状況などを踏まえて発信・伝達できる能力」とされており、けっしてＩＣＴを活用する能力だけを意味しているわけではありません。

文科省は２０２２年1月から2月にかけて「情報活用能力調査」を実施し、２０２３年3月に結果を公開しました。この調査には、現在の文科省の情報活用能力政策の特徴が表れています。ＰＩＳＡ２０１８ではブログに記載された記事が意見か事実かを問う問題がありましたが、それと同等の問題が「情報活用能力調査」には出されませんでした。ＰＩＳＡ２０１８で出された問題に比較的似ている問題として、環境問題に関するウェブページを読み解く問題が出されましたが、この問題は内容を正しく読み取ることだけを問うもので、情報の信頼性を問うものではありませんでした。

一方、同調査のアンケートによると、「インターネットを使って情報を収集する」という問いに対して、「毎日」と「ほぼ毎日」と答えた児童・生徒は小学生が約2割、中学生が約3割、高校生になると約4割にのぼります。調べ学習や探究学習でインターネットを使う場合は、この割合は一気に増えるでしょう。また一方で、「学校図書館で情報を収集する」という問いに対しては、小学生の約5割、中学生の約8割、高校生の約9割がまったくか、ほとんどないと答えています。

筆者は、所属する大学の附属中学校でメディアリテラシーの授業を行っていますが、その事前調査で必ず用いるのが２０１６年にアメリカのスタンフォード大学が全米の中学・高校・大学生に対して実施した情報の信頼性を評価するテストです（**図1**）。２０２０年に中学2年生２２２人に対して行っ

下の写真は2015年7月に「福島原発花」というタイトルで写真共有サイトに掲載されたものです。「何もいう必要はありません。花の生育が原発の影響を受けるとこのようになります。」と書かれています。この写真は原発の影響を証明していると思いますか。

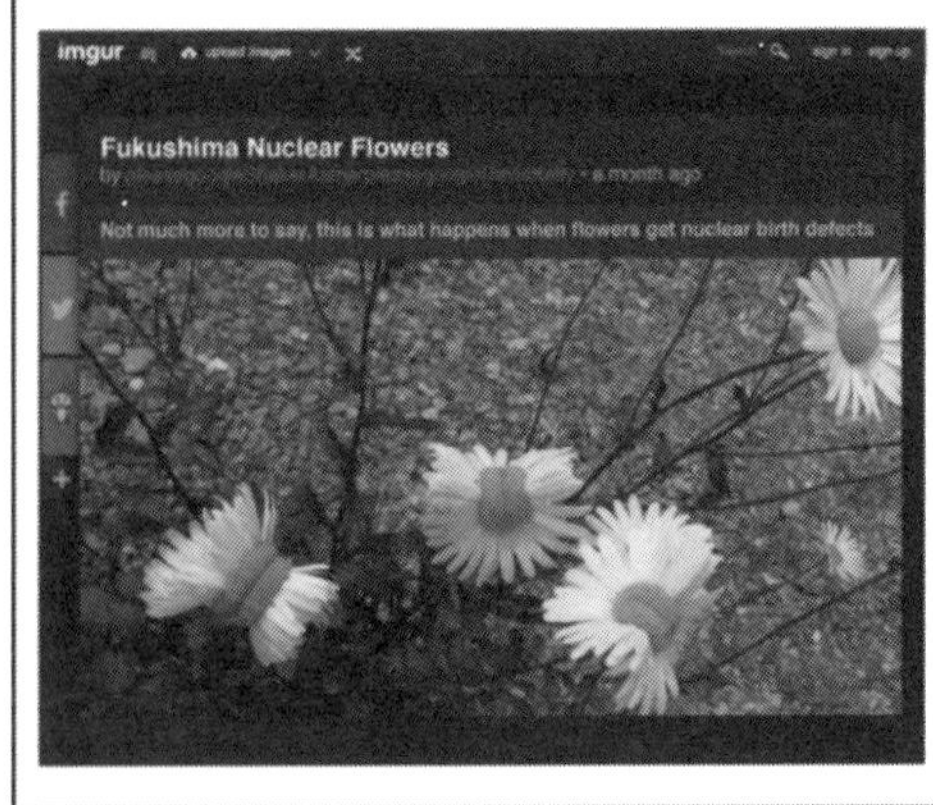
imgur
Fukushima Nuclear Flowers
a month ago
Not much more to say, this is what happens when flowers get nuclear birth defects

Stanford History Education Groupe(2016) Evaluating Information: the Cornerstone of Civic Online Reasoning

図1　スタンフォード大学による情報評価能力テストの一部を翻訳

た調査によると、この問いに「はい」と答えた生徒は約3割でした。しかし、問題は答えの理由です。スタンフォード大学が用意したルーブリック（評価基準）によると、マスターレベルに達するためには「強力な証拠を認めず、情報源に対して疑問を持つ」ことが必要です。しかし、情報源に対して疑問を持った生徒はたった1・4％しかいませんでした。

この調査結果は、毎年やってもほとんど変わりません。筆者は都内の中学校の調べ学習を行っている授業を参観することがありますが、子どもたちはタブレット端末を使って守備よくプレゼンテーションをするものの、その情報源については一切考慮されていません。もちろん、大学ではこうした情報源を無視したプレゼンテーションはまったく評価されません。

実態として、子どもたちは情報源の正確性を評価するスキルを持たないまま大学に入っているのです。学術研究の場である大学の現場から見れば、このような状況は大きな問題です。そのため、大学の初年次教育で、オンライン情報の信頼性を評価する批判的思考スキルを育成することが必須となっています。しかし、大学に入ってからでは遅いのです。このスキルは、ＧＩＧＡスクール時代のすべての子どもが身につける必要があります。

日本の学校教育法には、中等教育の目標の一つとして、以下のように「健全な批判力」の育成が明記されていることを改めて思い起こす必要があるでしょう。

「個性の確立に努めるとともに、社会について、広く深い理解と健全な批判力を養い、社会の発展に寄与する態度を養うこと」（学校教育法51条3号、64条3号）。

総務省の新たなICTリテラシー政策

偽・誤情報、陰謀論、プロパガンダは、けっしてGIGAスクール時代の子どもたちだけの問題ではありません。むしろ、より深刻なのは大人です。総務省は早くからこの問題に対してさまざまな審議会で議論を積み重ねてきました。文科省との大きな違いは、この問題に対する世界中の政策を調査し、日本にとって望ましい政策立案の基礎としたことです。そのために、総務省の政策はグローバルな観点を有することができました。その調査報告は2022年6月に出された「メディア情報リテラシー向上施策の現状と課題等に関する調査結果報告」です。

この調査報告書によって、総務省はユネスコのメディア情報リテラシーとデジタル・シティズンシップという二つの概念を政策に採用することにしました。同調査報告書では、デジタル・シティズンシップを「情報を効果的に見つけ、アクセスし、利用、創造する能力であり、他の利用者とともに積極的、批判的、センシティブかつ倫理的な方法でコンテンツに取り組む方法であり、そして自分の権利を意識しつつ、オンラインおよびICT環境に安全かつ責任を持って航行する能力」と定義しています。そして、メディア情報リテラシーはその構成要素の一つと位置づけられました。

このようにして、総務省は、政策文書ではICTリテラシーという用語を用いますが、その内容はメディア情報リテラシーを含むデジタル・シティズンシップなのです。

２０２３年６月に公表された総務省「２０３０年頃を見据えた情報通信政策の在り方」最終答申には、「市民が自分たちの意思で自律的にデジタル社会と関わっていくという『デジタル・シティズンシップ』の考え方」をふまえることが明記されています。その具体的な内容は「ＩＣＴ活用のためのリテラシー向上に関する検討会」に委ねられました。同最終答申には、この検討会の目指すべきゴール像として次の３点があげられています。

①デジタル社会で様々なリスクに対処して安全を確保しつつ、自身の目的に応じて、適切に情報やＩＣＴを活用し、課題解決できること
②デジタル社会の構成員として、他者への影響に配慮し、健全な情報空間確保のための責任ある行動を取ることができること（情報の批判的受容、責任ある情報発信、プライバシー・著作権への配慮等）
③ＩＣＴやオンラインサービス、社会的規範の変化を的確に捉え、①②ができること

同検討会は２０２３年６月に「ＩＣＴ活用のためのリテラシー向上に関するロードマップ」を公表しました。上記の３点の土台となる法律は「デジタル社会形成基本法」であることが明記されました。同法３条は次のとおりです。

「デジタル社会の形成は、全ての国民が、高度情報通信ネットワークを容易にかつ主体的に利用するとともに、情報通信技術を用いた情報の活用を行うことにより、デジタル社会における

あらゆる活動に参画し、個々の能力を創造的かつ最大限に発揮することが可能となり、もって情報通信技術の恵沢をあまねく享受できる社会が実現されることを旨として、行われなければならない」。

この考え方はデジタル・シティズンシップそのものと言えます。つまり、総務省のデジタル・シティズンシップ政策は、明確な国の基本法に基づいているのです。

そして同ロードマップには、**図2**のような「検討会における議論の全体枠組み」が示されています。ここからわかることは、メディア情報リテラシーを含むデジタル・シティズンシップは、全世代にかかわる課題であること、そして学校教育もこの枠組みに含まれていることです。

同検討会は、成年層についてはとりわけ子どもの教育に関心を持つ保護者を対象にした啓発教材を開発し、実証講座を開始するとと

図２　議論の全体枠組み　総務省「ＩＣＴ活用のためのリテラシー向上に関するロードマップ」p.10.

もに、総務省のサイトに「家庭で学ぶデジタル・シティズンシップ」として掲載しています。また、この検討会には文科省も参加しており、これらの啓発教材は文科省のサイトにも掲載されています。

デジタル・シティズンシップ教育と新たな情報活用能力

このような総務省の動向に対して、内閣府総合科学技術・イノベーション会議　教育・人材育成ワーキンググループも呼応します。同ワーキンググループは2022年6月に「Ｓｏｃｉｅｔｙ5・0の実現に向けた教育・人材育成に関する政策パッケージ」を公開しました。ここには「学校教育において、メディアリテラシーを育むなかで論理や事実を吟味しながら理解し、子供たちの『デジタル・シティズンシップ』を育成することは喫緊の課題となっている」と明記されました。そして、実現に向けたロードマップとして、「デジタル・シティズンシップ教育推進のためのカリキュラム等の開発」をあげ、主要担当省として文科省、補助的担当省として経済産業省があげられたのです。

これまで見てきたように、今後、文科省の情報活用能力にデジタル・シティズンシップの概念が導入されるのは時間の問題と言えます。そのための議論をすぐにでも始めるべきです。新たな情報活用能力に、デジタル・シティズンシップの考え方を明確に位置づける。それが、日本の情報教育政策をグローバルなレベルに引き上げる唯一の道だと言ってもよいでしょう。

通常の学級での特別支援教育へのテクノロジーの影響

近藤　武夫（東京大学教授）

当たり前になった1人1台端末の活用

通常の学級での、発達障害（限局性学習症、注意欠如多動症、自閉スペクトラム症）またはそれに類する学習面・行動面の大きな困難のある児童に適した学びの環境をつくることへの注目は年々高まり続けています。読む、書く、計算する、注意を向けて話を聞く、注意を向ける必要のない不要な情報や刺激を適切に無視する、暗黙の了解に気づいて適応する等々、学習場面で必要となる機能のどこかに偏った制限のある児童が少なくないことと、教室で教師がそうした児童にどのように対応すればよいのかは、教育現場で語られない日はないテーマとなっています。

そんななか、教室には1人1台のGIGAスクール端末が当たり前に存在するようになり、特別支援ニーズのある児童かどうかに関係なく、「個別最適な学びがどの児童に対しても必要なのだ」という視点が、すべての教員に共有される時代になりました。

たとえば、単元テストでいつも答えを半分以下しか埋められない児童がいたときのことを考えてみましょう。GIGA端末がいつでも使える状態になったことで、単元テストと同様の課題を代読や代筆などの人的サポートはもちろん、音声読み上げ機能やキーボード入力、フリック入力、音声入力機能を使った場合に、児童の答えの質や量に違いが見られるかをすぐに試してみることができるようになりました。

また、学習者用デジタル教科書は、本文の音声読み上げや、文字の拡大やフォントの変更などにも対応していますし、それでもカバーできない特別支援ニーズには、多様な「教科用特定図書等（点字教科書、拡大教科書、さまざまな種類のある音声教材）」も、学校が無償で入手して使えるようになっています。

小学校の授業ではロイロノートのようなツールが当たり前に使われるようになり、児童が鉛筆で文字を書かなくても、自分の考えをキーボードで入力したり、絵を描いたり、動画や写真を撮影して、教師やほかの児童と共有できるようになりました。GIGA端末の持ち帰りができる地域では、宿題や課題のリストもオンラインで教師と児童が共有していますし、児童も自分でGIGA端末のリマインダー機能をセットして、忘れないように備えることを自然に行っている場面も珍しくなくなりました。

学校という慣行の障壁

発達障害は、「見えない障害（invisible disabilities）」とも言われます。外見からはわかりませんが、読字や書字に特徴的な困難さのある児童は、伝統的な印刷物と鉛筆中心の学習環境では「勉強ができない児童」と誤解されてきました。しかし今、ＧＩＧＡ端末でキーボードで作文を書く限りは、書字の極端な障害がある児童もとくに困りを感じません。教室や家庭で自由に使わせてもらえるリマインダー機能を使えば、宿題や持ち物を覚えておくのが極端に苦手な児童も、忘れ物などを回避できます。ＧＩＧＡ端末による読み書きを代替するツールが教室に普遍的に存在するようになり、発達障害の特徴に類する児童のニーズが本当に不可視になったり、問題とならない状況へ変わり始めました。

関連して、教員たちの間では、「単元テストの成績が悪いのは、本人の理解力の問題ではなく、その児童の学び方に、紙と鉛筆による学習スタイルが適していないのではないか？　だとしたらＩＣＴを使って学び方や評価の仕方を変更してみたら、結果は変わるのではないか？」という認識が共有され始めました。そしてその対応をどの児童に対しても提供できる物理的環境が、特別な場所ではなく、教室に普通に存在するＧＩＧＡ端末によって整備されたことは、通常の学級での特別支援教育に対しても肯定的な影響を与えています。

印刷物と鉛筆を中心にして指導が行われるといったさまざまな「学校という慣行の障壁」が、多様な背景を持つ子どもたちの学びの障壁になっているのでは?という視点も、教師にとって特殊なものではなくなりつつあります。通常の学級において、最も高い比率を占める特別支援ニーズは、読むこと、書くこと、計算することについての、いずれかまたは複数の極端な困難さのある児童で生まれています。ＧＩＧＡ端末の利用のように、既存の学校の慣行を変えてしまえば子どもたちはよく学べるようになる、という教師の肌感覚（能力観といってもいい）の変化は、ＧＩＧＡ端末がそこに存在するという事実以上に、インクルーシブな学びの場を生み出すうえで大きな意義を持っています。インクルージョンを広げるテクノロジー利用の本質的な価値は、タブレット、ＶＲや生成ＡＩ、３Ｄプリンタのような先進技術デバイスのなかにではなく、こうした教師の能力観の変容のなかにこそあります。

地域の対応力の育成を

一方で、教育現場での課題はむしろはっきりと見えるようになってきてもいます。まるですばらしい状況がすでに生まれているかのように記述してきましたが、現実はそうではありません。

まず、前述した状況についての地域間・学校間・教員間の格差や、小学校と中等教育段階との格差も大きいです。小学校では、教室での活動全体を、一人の教師により一貫性のあるかたちでデジタル化することが可能ともいえます。しかし中学校からの教科担当制は、それをむずかしくします。資料を読む、作文やレポートを書くといった同じ学習活動であっても、担当教師の考え方や対応力の違いによって、生徒からすると不合理とも思えるほど、ＧＩＧＡ端末の利用の範囲が制限・変更されたりしてしまいます。

この差異を吸収するには、コーディネーターによる調整が不可欠です。ただ、教員は調整の専門家ではないので、調整が苦手な教員がコーディネーターを担う場合、解消されない障壁が学びの場面に残り続けることになります。

また、試験の場面など、競争が関係して評価に公平性を求められる場面では、個別最適な方法の違いが厭(いと)われ、「みんな同じように」することが教師や学校から好まれてしまいます。するとたんに、ＧＩＧＡ端末利用がその場面では利用不可となったりします。

ほかにも、教科書以外の資料や紙の単元テストを、読み書きがむずかしい生徒が利用できるよう電子化するためには、金銭的コストや労力をかけて対処することが必要となることがあります。そうした場面では、担任一人の判断の範疇を超えて、組織的判断が必要となり、対応が後回しにされてしまうことが多くあります。

そうした状況になると、せっかくＧＩＧＡ端末があることで見えなくなっていた障害のある児童・生徒の困難が、いきなり可視化されてしまうのです。この場合、問題があるのは、子どもたち個人の特性でしょうか？　「組織的な判断」に不慣れな学校という環境や慣行でしょうか？　後者であることは論をまちません。

ＧＩＧＡ端末をはじめとしたテクノロジーのよい面を活かすには、テクノロジーに関する教師個人の対応力を底上げするだけではなく、地域の対応力を育てることが重要になります。障壁が残されていることを、管理職の責任や学校の問題だと追求しても意味がありません。

ＩＣＴで本質的な学びを保障すること／その障壁

ここまで、ＩＣＴがインクルーシブ教育に与えているポジティブな影響と、それを実際に子どもたちのインクルージョンに役立てるうえで、残されている課題について述べてきました。ここから、課題解決のための具体的な地域での取り組み方について論じてみます。

たとえば、漢字を書くことが非常にむずかしい状況が続いている児童に気づいたときのことを想像してみましょう。その児童はひらがなやカタカナはほぼ使用できているようですが、小学校4年生ながら漢字は小学校2年生程度のものしか書けていません。文字を書く速度もほかの児童と比べて非常に遅く、たどたどしい状況です。そこで担任は「この児童は、文字を書く動作がむずかしいのか、文や文章を考えることがむずかしいのか、心理的な忌避感があるのか、いずれだろうか？」と考えます。「この児童がキーボードや音声入力など、ＩＣＴにより作文を書くと、鉛筆で書いたときと比べて、文や文章の量や質に違いが生まれるだろうか？」と試してみます。それで明らかに表出結果がよい方向に変化すれば、「漢字の反復練習」を、ＩＣ

Tでの表出に切り替える工夫を試していきます。「様子や行動、気持ちや性格を表す語句の量を増やし、文章のなかで使えるようになる」という学年相当の学びの本質に近づくよう、教師と児童で試行錯誤します。

もちろんこれは、指導の工夫のごく一例に過ぎませんが、学校には教師がそんな工夫を続ける気持ちを折ってしまう障壁がそこかしこにあります。

①担任一人だけでは、学びに苦闘する児童の学習目標へのアプローチの切り替えがむずかしい。

②教室での円滑な一斉指導を優先して、個別化を後回しにせざるを得ない。

③校内共通の単元テストやプリントなど、紙と鉛筆の環境を個別調整することがむずかしい。結果、ニーズがある児童でも場面によってGIGA端末が使えない状況を生む。

④音声教材やアプリ等を使えば、ニーズのある児童の学び方を変えられるのではと思っても、それらを入手する手続きをどう進めたらいいのかがわからず、忙しい毎日のなかで、つい日々が過ぎ去っていってしまう。

⑤「漢字の書き取りテストを、かな漢字変換機能とキーボード入力等で実施する対応を、成績評価で認めてよいか?」という合理的配慮に関する意思決定について、教師一人ではどう進めていいかわからず、これまでの評価方法を選ばざるを得ないと思い込んでしまう。

⑥校内の管理職がこうした個別化に関心が低い場合、教師は孤立し、状況はさらにむずかしさを生む。

これらの①～⑥の障壁に阻まれる経験の積み重ねから生まれた教師の無力感は、「教師の態度」という社会的障壁となり、子どもたちのインクルージョンを阻みます。

「教師を一人にしない」仕組み

結局のところ、特別支援ニーズのある児童・生徒に効果的にＩＣＴ活用ができる未来をつくるには、日々の小さな迷いに心を折られていく教師一人ひとりを孤立させない組織的・地域的な支援が必要です。個々の教員の自主研鑽に押しつけることはすでに限界であることは近年多くの場面で語られており、特別支援におけるＩＣＴ活用でも、地域体制を整備して、教員の日々の小さな悩みを放置しない地域体制の整備が必要になります。

たとえば京都府では、２０１６年以降、読み書きに困難のある児童・生徒が、ＩＣＴを活用して通常の学級での本質的な学びを保障する取り組みが行われています。ニーズのある児童・生徒が教室、単元テストや家庭学習でもＩＣＴが活用できるよう、京都府総合教育支援センターが府内の各学校の教師・通級指導担当者・特別支援教育コーディネーターを後方支援したり、活用事例を蓄積して各学校および管理職に共有・啓発する取り組みが継続的に行われています(https://www.kyoto-be.ne.jp/ed-center/cms/?p=1208)。

さらに近年では、こうした取り組みに、ＩＣＴ担当や特別支援担当だけではなく、教科担当の指導主事も参加していることが特筆すべき点です。教科の専門的視点から、学習指導要領が本質的に求めている部分とＩＣＴ活用が整合するよう助言できる連携体制が求められているためです。さらに各地でセンター的機能を担うコーディネーターも、地域でのＩＣＴ活用の事例や考え方を理解したうえで、各校の校内委員会の運営や、個々の児童・生徒の個別の教育支援計画・指導計画の立案などを支援します。特別支援でのＩＣＴ活用という横串を刺し、縦割りを超えた連携が機能する地域づくりが目指されています。

ある連携ミーティングで、一人の教員からこんな言葉が出たことがあります。「漢字を書くことがむずかしい書字障害のある児童に、キーボード入力で漢字学習や作文をしたいと思うが、学習指導要領に『漢字を書く』と書かれていて、やはり鉛筆で書かせた方がいいのではないかと悩んでしまう」。すると、国語科の指導主事から、このような助言がありました。「確かに小学校の漢字の学習指導要領では、『漢字を書くことができる』という言及がある。しかし、義務教育が終わる中学校３年生の学習指導要領には、『文や文章の中で使い慣れること』とされていて、すでに『書く』という言葉も使われていない。義務教育終了時までに目指すべきは『使い慣れること』であれば、個人の状況によるとはいえ、書字の障害がある児童・生徒がキーボードを利用して漢字を使い慣れることはごく自然なことではないか」というものでした。

同席していたＩＣＴ活用の担当者は、その後すぐに学校へ訪問し、くわしい事例（他校の単元テストなどの評価場面でどのような経緯でＩＣＴを導入したか、中学進学時にどのように引き継ぎが行われたか）が、その学校の管理職やコーディネーターに共有されました。まさに縦割りを超えた連携が成立した瞬間だったと思います。

地域での資源投入と体制整備を

特別支援教育では、「ＩＣＴを活用すること自体が目的」とはなり得ません。ＩＣＴが「本質的な学び方の保障を、円滑に実現するためのツール」として使われて初めて、ＩＣＴ活用は意義を持ちます。本稿の事例や考え方には、「通常の学級や試験・評価の場面でも、他の児童・生徒とは異なる学び方を、ニーズのある児童・生徒ごとに個別に認めていく」という側面があり、教員一人の力だけで成し遂げることはむずかしいです。それを個々の教師の自主研鑽に押しつけることはすでに限界です。

これはＩＣＴ活用に限らず教員のウェルビーイングを向上させる取り組み全般に言えることですが、国や地方自治体が主体性を発揮して、そのような地域体制の整備をシステマティックかつ持続的に行うことが必須です。

3章

学びのＤＸ、校務のＤＸ

学びDX編　【事例】山形県天童市立干布小学校

学びのフィールドが広がり深まる姿

多勢　弘子（山形県天童市立干布小学校長）

1人1台端末活用による学校生活への意識変革

子どもたちは登校すると、すぐにカバンから端末を取り出し健康状態をコメントで送信します。これには二つの理由があります。

一つめは、災害などの緊急事態に子ども自身が所在や安否を知らせ、外部連絡の有無を確認する習慣を身につけるためです。きっかけはコロナ禍、自宅待機の子どもの端末に課題配付や連絡メールを送ったときのことです。反応がなく心配になって電話しようとしたら、自宅に固定電話がないため不通になってしまったのです。端末を持ち帰っても開かなければメールには気づきません。それ以降、子どもたちには災害時こそ無事を知らせることの重要性を伝え、毎朝の行動として習慣化しています。

二つめは、心のＳＯＳを出しやすくするためです。朝の健康観察で、担任の呼名に応じて「元気です」と答えるやり方では、女子の生理痛はもちろん、男女にかかわらず具合が悪いことは言いづらいものです。周りを気にせず担任と養護教諭に直接コメントを送信することで、実際に休みがちな児童だけでなく、普段元気そうな児童とも保健室がつながり、変化を察知できるようになりました。

また、自宅からのリモート授業が当たり前になり、欠席の連絡と同時にリモート授業の参加依頼も入ります。ときには、耳鼻科診療の予約時間前まで希望とか、台風で臨時休校の際もリモート授業の可否についてメールが届くようになりました。子どもと保護者の意識が以前とは明らかに変わっています。

このように1人1台端末の活用は、学校生活に大きな意識変革を起こしています。

使いこなす先の姿を示す

この始まりは、私が２０２０年4月のコロナ禍、本校に赴任し、2日目に「ZoomとGoogleフォームを使いこなす」と職員に提案したことにあります。当時はこれらを知る職員はいませんでしたが、私の話を快諾してくれてさっそく練習にとりかかりました。そして、ほどなく全職員が在宅勤務になったため、この二つで職員打ち合わせと健康観察を毎日実施しました。その結果、リモート配信は4月の入学式、保護者役員会、全校朝会と一気に広がりました。保護者面談について職員からは「リモートでの希望者はいますかね」と心配されましたが、「学校にはできる準備があり、先進的に取り組んでいることを示すことも大事」と伝え納得してもらい、「いつでもできますよ」と保護者にアナウンスしました。その職員もGoogleフォームとQRコード作成をすぐにマスターし、4月の保護者総会の承認決議でさっそく活用していました。

そもそも、ZoomとGoogleフォームを使おうと考えた背景には、校区が観光果樹園の農村地帯で、また近隣に観光名所や温泉、プロサッカーチームのホームスタジアムがあり、将来は農業と観光を支える人材を育成する必要があると考えたからです。子どもたちには、人を惹きつける力と、データを活用して顧客満足度の高い果樹やサービスを提供し、地域の農業や観光を発展させる力をつけさせたいと考えました。ゆえに、Zoomで国内外とつながりコミュニケーションをとる姿、Googleフォームでアンケートを集約し、結果の分析から次の策を考える姿をイメージして教育課程を進めてきたというわけです。

デジタルで輝く子どもの姿の事実

Zoomは、本校で使い始めてから2年目に相手先も使えるようになり活用が広がりました。姉妹校である東京都新宿区立四谷小学校とは、春と夏に互いを行き来する交歓会が48年間続いていました。その歴史をコロナ禍を理由に途絶えさせてはならないと、リモート交流に挑戦しました。端末を持ち出し四谷小の教室からの指示に従って一緒にめぐるバーチャルひまわり迷路や、料理の先生役の子がつくる手順を見ながら互いの家庭で山形名物の芋煮をつくって食べるオンライン芋煮会で楽しみました。さらに、オーストラリア・タスマニア島の小学校とは将棋やけん玉の実演紹介後、オーストラリアのダンスを一緒に踊って楽しみ、最後は1人1台端末を使った早押し日豪クイズ大会でおおいに盛り上がりました。

交流以外では、保健委員がプログラミングで熱中症警告灯を作成しましたが、表示をもっと光らせたいというので、中学校の美術教員からアドバイスをいただきました。また、特別支援学級の児童が、プログラミングで作成したゲームをもっと高度にしたいというので、工業高校の3年生に相談してアドバイスをもらいました。リモート活用で、離れていても専門家からより高度な学びが得られることに気づき、子どもたちは喜んでいました。

Googleフォームは、まずは運動会の実行委員会に「知ってる?」と私から声をかけてみました。今までは運動会後、2日間の休み明けにふり返り。そこから、意見をまとめ、お便りを書いて配付まで1週間はかかりました。それが、運動会後、教室のモニターに映し出した大きなQRコードを読み取り、1年生も簡単にアンケートを提出できました。午後、実行委員会が招集され、集約したアンケート結果をまとめてお便りを共同作成。休み明けには全校児童にリモート朝会でねぎらいとともに端末でお便り配信というスピーディな活動に進化しました。

しかも、ふり返りでは集約の手軽さからさまざまな分析結果がビジュアルで示され、納得感のある内容に変容しています。さらに、データを背に語る実行委員の姿がかっこよく見えたのでしょう。その後は図書委員の読書調査をはじめ、アンケート調査活動が自然に流行し、活動のまとめにはグラフと考察、次の提案が位置づくようになりました。

教員もトライ&エラーで常に前進

本校は1学年1学級、教員はみなICT初心者だったので互いに教え合い進めてきました。とくに、退職目前の教員が積極的にチャレンジし、「今日もエラー&エラーでした！」と笑い飛ばしながら職員室に戻ってくるので、その実践例が日々効果的な研修になったことと、失敗を恐れずにトライする雰囲気を醸(かも)し出していました。

そこで、その機を逃すまいと2年目はGoogleスプレッドシートを紹介しました。すると、秋の持久走記録会を目途に教務が夏休みの研修会を予定し、支援員はテンプレートを作成、担任団は職員室で学び合いを始めていました。その流れで全学級が実践するというチームワークと、「エラー&エラーはトライ&トライの裏返し」という合言葉が生まれるほど、常に前進する雰囲気と自信が職員室に充満してきました。

教員はプログラミング学習を敬遠しがちですが、子どもたちは大好きです。本校の職員玄関の小窓を開けると、職員室に校歌が流れます。小窓が高い位置にあるため低学年児童が開けても主事がその存在に気づかないことを知らせたら、プログラミングが得意な4年児童がBBC micro:bitで装置をつくってくれたのです。そこで、まずは子どもから鍛えようと、パソコンクラブに外部講師を招聘し、Viscuit（ビスケット）プログラミングを使った簡単なゲームづくりを教えてもらいました。すると、休み時間には子どもたちが自慢げにゲームを披露し、職員室でも担当教員が「簡単でした！」と口コミしたことと、実際の授業ではクラブの児童が支援する安心感もあり、一気に全学年に広がりました。その後は、漢字や日本地理クイズでViscuitを活用したり、さらに他のプログラミング教材を試したりと、教員の研究心を刺激していました。

保護者の不安解消と家庭での活用の促進

端末持ち帰りについて、保護者から「ゲームや動画のせいで勉強をしないのでは」という意見が出ました。保護者は端末を使って学習するイメージがないので当然のことです。担任からも、子どもが家庭で使い方がわからず困った場合の対応が不安との声がありました。そこで、授業参観で端末活用の様子を見てもらうだけでなく、懇談会で子どもの端末での自己紹介やアンケートによる話題回収などを試してもらいました。すると、「思ったより簡単」「みんなの考えが一覧で見られるなんてすごい」など、端末活用の有効性を実感してもらえました。

また、写真や動画撮影についての不安もあります。そこで、ロイロノートの資料箱に学級のフォルダをつくり、定期的に学校での様子を知らせることにしました。これにより保護者がわが子の端末を確認するきっかけにしてほしいことと、学校の様子や学びを子どもと語り合う素敵な時間になったらいいなあと思っています。そうすれば、家庭でも端末活用や情報リテラシーについて自然な会話ができ、活用もいっそう進むのではないかと期待しています。

子どもたちの自由な発想を活かした授業改善

子どもたちには端末を文房具の一つとして自由に使わせています。すると、子どもたちの順応性の速さに教員がついていけない場面がよくあります。そのことがきっかけで授業のあり方を見直したことがありました。

一つめは、国語の時間。新出単語が出てくると、子どもたちは端末で検索し、その意味や例文を入力して提出するのですが、それがいつもより速いことに担任が驚きました。全員の端末を見ると、検索とロイロノートの2画面編成で操作していたのです。誰かが便利な使い方を見つけ、子どもたち同士で広まっていました。このような、「先生にも教えて」という場面はよくあります。その時短のおかげで、全員の例文をもとに単語の使い方の考察がじっくりでき、授業の質の向上につながりました。

二つめは、特別支援学級での工作の時間。ネット上の部品チェックリストでは書き込めないからと担任が印刷しようとしたときです。「先生、大丈夫です!」と、子どもは即座に画面をスクショしてロイロノートに貼り付け、端末のチェックリストに書き込み始めたのです。担任はその姿に目を見張りました。子どもの意識はデジタルに移行しているのに、教員は紙文化から抜けきれていないという典型例です。しかし、教員はそのギャップに気づいてはいても、端末の損傷や情報リテラシーの指導の困難さから端末使用を敬遠しがちでした。この日、知的学級の子どものＩＣＴ活用能力を目の当たりにした教員に、子どもの将来を見据えた端末活用について見直すことに納得してもらえました。

三つめは、体育のマット運動。体育館をのぞくと、子どもたちはマットのそばで寝そべっていると思いきや手本動画を一生懸命見ていたり、互いに録画し合って動きを確認したり、新たな技を探したりと、端末を駆使し自由に学習していました。担任が妊娠中で動けないこともあり、活動を子どもたちに任せてみることにした結果です。その姿から、担任の笛の合図で順番にマットに向かうのとは全く違うたくましさを感じました。マット運動の最終ゴールを自分で決め、同じ練習内容の仲間同士が協力し合い、高め合っていく子どもたちのわきにはいつも端末があります。「これがあれば自分でできる！」そんな声が聞こえるようでした。今は、体育のイメージをもとに他教科についても同様に、個別に学びを進める授業を研究しています。

ほかにも、家庭学習において、漢字や計算はノートとデジタルドリルを併用し自分の進度で行っています。また、学校で収穫した野菜を家庭で調理する様子や食レポが画像や動画で共有され、子ども同士がコメントを通して改良がなされるなど、離れていてもつながって学ぶ術が身についています。そのおかげで、欠席児童への板書画像の送信や、自宅療養中の担任にお見舞いのカードを贈るサプライズもありました。また、登校中に倒壊したブロック塀に気づいた子どもが、画像とGoogleマップの位置情報を添えて担任に報告してきたこともありました。

このように、子どもたちが端末の日常使いにより日々成長していく姿に直面したことで、教員一人ひとりが自身の意識改革や授業改善の必要性を考えることにつながったと思います。

子ども自らが伸ばす世界につながる力

5年生が「山形紅花を世界農業遺産にしたい」と国内外に発信活動をしています。もともとは地域の紅花組合の願いでしたが、ＩＣＴ活用なら自分たちのほうが得意と知った子どもたちが、紹介動画を作成して世界に発信したいと申し出たのです。そして、今はアメリカ・コロラドの小学生、ニューヨークの大学生と交流を始めています。外国との接点が少ない地方の子どもたちが、オンラインではありますが、プチ留学体験を味わえます。画面越しに時差や季節の違いはもちろん、教室の雰囲気、多民族国家ゆえの質問から伝わってくる価値観や文化の違い、端末活用が進んでいる様子に驚くも、日本のアニメやゲームについて質問されると急に笑顔があふれ、親近感を覚えたようでした。

いつか、この子どもたちが地域の主人公になる日が来ます。端末を活用して世界中の多様な人とかかわって楽しみを共有し、ときには専門的に高度に学ぶ。情報やデータを収集して変化を見つけ、先に一手を投じる力があれば、変化が激しく予測できない課題にも立ち向かえるのではないでしょうか。ともに学校も歩み続けたいと思います。

学びＤＸ編　【事例】千葉県印西市立原山小学校

社会とつながる学びの実現に向けた学校ＤＸ

松本　博幸（千葉県印西市立原山小学校長）

はじめに

学校ＤＸを実現するために、具体的に、何を重視し、何を考え、どのように進めているのか、本校での具体的な取り組みについてお伝えします。

本校では、学習指導要領の理念などを具現化するために、学校の経営方針に「社会とつながる情報教育×情操教育×市民性教育」を重要目標として位置づけています。これをふまえた教育活動の実施にあたり、毎年度、校内で「これからの時代に必要な資質・能力を子どもたちが備えるためにできる支援は何か」を検討しています。このことにより、ＩＣＴを基盤として教育活動を展開し、学習と生活を切り離すことなく情報活用能力等の資質・能力を高めていくこと、さらに人に対する尊敬や思いやり等の情操面や市民性・社会性などの力を総合的に高めていくことが、重要なポイントだということをすべての職員が認識しています。また、学びのＤＸとは何かや、社会とつながる学びとはどういうものか、俯瞰的な全体像の明示や具体的な説明とともに短期・長期の学校の姿を具体化。職員や保護者に提示して、その意味の共有を図っています。

さらに、教育課程の編成・実施・評価・改善において、全教職員が自己の役割を認識し、計画的・組織的に取り組めるようにするために、教務や研究主任等を中心としたプロジェクトチームを編成し、それぞれのチームが各学年の学びを教科等横断的に支援する体制をとっています。プロジェクトの推進にあたっては、重点目標の達成に向けて、何が必要か、それぞれがどう行動するべきか、互いに知恵を出し合い、一丸となって進めていく必要があります。誰かの好き嫌いや損得で語られてしまうと、よりよい教育活動が実現できないからです。この点についても、全教職員に理解と共有を促しています。

「ＧＩＧＡスクール構想」下での「教育課程の編成」

(1) 目標のマネジメント

重点目標を位置づけ、共有し、実現のための組織づくりを行った後は、「教育課程の編成」をする必要があります。そこで、情報活用能力育成のために、第1学年から上学年へと系統的に指導できるようにした「情報活用能力体系表」を作成しました（この体系表は、本校公式サイト〈http://inzai.ed.jp/harayama-e/〉で公開しています）。この体系表をもとに、情報活用能力を構成する要素を各教科等の学習内容や学習活動に結びつけ、各教科等で重点的に情報活用能力を育成する単元を決めていく、という作業を行っています。

情報活用能力は、他の汎用的な能力と同様、幅が広く捉えにくい資質・能力なので、このような手順を踏み、各教科等での学習イメージを持てるようにすることは、教える側にとってもとても大切な過程です。また、この体系はバージョンアップを重ね（現在Ver.4）、子どもたちに身につけさせるべき資質・能力として、ＡＩなどを学ぶ「コンピュータサイエンス」や「デジタル・シティズンシップ」などの要素も盛り込んでいます。

(2) ネクストGIGAの新しい学びに向けた教育課程

自己の実現や、さまざまな課題や問題の発見・解決のためには、共感と協力をもって成し得る人間関係や社会への参画を意識した探究的な学びが必要であると考えています。また、新たなテクノロジーの創出、人工知能の高度化等による社会の変化が激しくなっており、こういった状況に柔軟に対応し、子どもたちが豊かな人生を切り拓き、持続可能な社会の創り手となるためには、コンピュータサイエンスに関するスキルを小学校段階から系統的に高めることも大切です。

そこで、持続可能な開発目標（ＳＤＧｓ）をふまえた地球市民意識を教科等横断的に身につけていくという観点を絡めて、各教科の教育課程の編成を行っています。さらに、生活科・総合的な学習の時間の時数を増やし、「データサイエンス」「情報デザイン」「メディア表現」「プログラミング」「コンピュータとネットワーク」「デジタルシティズンシップ」の６つの領域を設定し、新たな情報教育の取り組みである「情報探究」というカリキュラム開発を行っています（**図１**）。たとえば、「情報デザイン」では、デザイン思考を活用して身近な地域課題に取り組むという学習をしています。

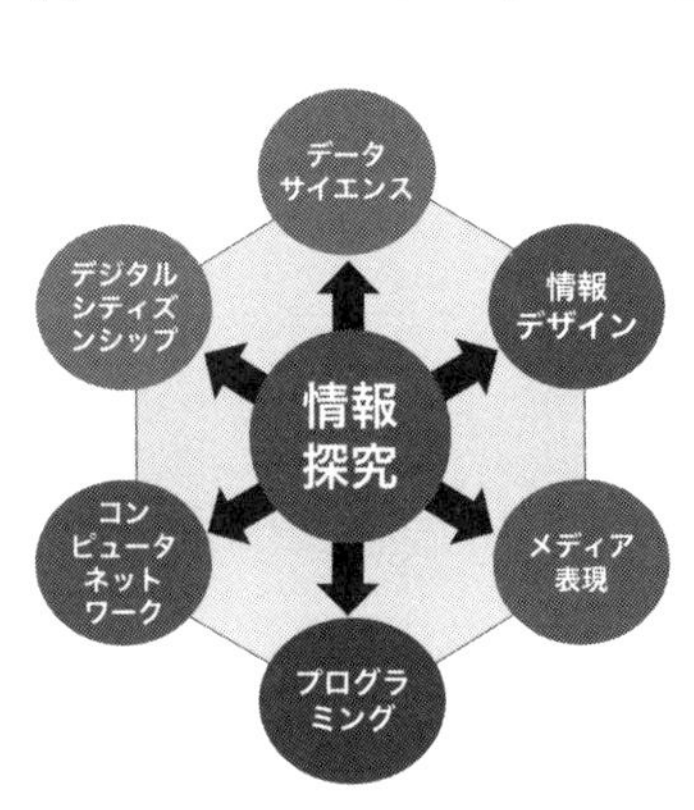

図１　本校の「情報探究」の領域

(3)　子ども目線での単元・授業デザイン

各教科において、主体的・対話的で深い学びを実現するため、子ども目線での具体的な状況を豊かに含みこんだ問題発見・解決的な文脈の設定をし、とくに以下の４点を意識化した授業デザインをするようにしています。

①「効果的・効率的な問題解決につながるテクノロジーの活用」

テクノロジーの特性を図2の6項目と捉え、これら項目について、情報活用能力を構成する要素と結びつけ、「テクノロジーの活用に関するスキル」として整理しています。これらを問題発見・解決のための活動に組み入れ、取り扱う情報を増大・拡大させながら学びを拡充させるようにしています。

②「情報に関する科学的な見方・考え方を働かせた思考」

ご存知のように、深い学びの鍵となるのが、「見方・考え方」です。そして、見方・考え方を働かせた深い思考をするためには、A：思考スキル、B：日本語の論理力、C：プログラミング的思考を身につけておくことも大切であると考え、それらを第1学年から系統的・段階的に習得できるようにしています。

A　思考スキル：たとえば「比較する」「分類する」など、技法のようにさまざまな場面で使

問題の発見・明確化 ＞ 解決案の検討・立案 ＞ 解決策の実施 ＞ ふりかえり ＞ 次のプロセスへ

デジタルコンピテンス領域	内容
A:検索・収集	○データ、情報、デジタルコンテンツの閲覧、検索、フィルタリング
B:アーカイブ・再利用	○データ、情報、デジタルコンテンツの管理
C:共有・協働・コミュニケーション	○デジタルテクノロジーを活用した共有 ○デジタルテクノロジーを活用した共同 ○デジタルテクノロジーを活用した交流 ○デジタルテクノロジーを活用した市民活動への参加
D:整理・分析	○デジタルテクノロジーを活用したデータや情報の整理、統計的処理
E:表現・創造・発信	○デジタルコンテンツの開発 ○デジタルコンテンツの統合と再構築
F:評価	○データ、情報、デジタルコンテンツの評価 ○ニーズの把握とテクノロジーによる対応 ○デジタルコンピテンスギャップの特定
※1基本操作等	○A～Fを支える基本的知識や操作スキル

図2　テクノロジーの活用に関するスキル

うための「思考スキル」を効果的に高めることができるよう「思考ツール」をテクノロジーと絡めながら活用しています。このことで、考えるための情報量や種類が増加し、保存や共有、再利用が容易になるようにしています。

B　**日本語の論理力**：日本語の論理は、「言い換える力」（イコールの関係〈具体と抽象〉〈比喩〉）、「比べる力」（対立の関係〈二元論〉）、「たどる力」（因果の関係〈原因と結果〉）、「要点を見抜く力」（主語・述語・目的語の関係）、「さがす力」（指示語と指示内容の関係）の五つの柱から成り立っているものと捉え、思考スキルと関連させ、日本語の論理の力を体系的に身につけることができるようにしています。

C　**プログラミング的思考**：前述の「情報探究」を軸として「問題解決において、一連の活動を実現するために、課題や必要な動きを分解して考え、意図した活動を実現させるために効率的な組み合わせを論理的に考える力」を活用した学習活動を系統的に実施するようにしています（**写真1**）。

写真１　第１学年「情報探究」でのプログラミング（オリジナルの水族館をつくろう）

③「個別最適な学びや協働的な学びに、状況に応じて柔軟に取り組めるようにすること」

学習過程や、多様な学習形態・学習活動を自らが選択・決定して学ぶことができるようにするために、段階に応じて、自己調整学習する力を高めるようにしています。

たとえば、単元のはじめに、文脈のある事象から疑問に思うことや追究したいことを考えるための思考拡散と収束の時間を設け、子どもが自らの力で単元を通した学習目標を設定し、学習計画表を作成できるようにします。そして、学習計画を実行する際には、自分の目標や学習活動を確認する時間を学級全体で確保したり、個別に支援・助言したりし、必要に応じて友だちとの議論等、協働での学習につながられるような働きかけをします。また、実行した計画に対しては、必ずふり返りをする時間を設け、うまくいったこと・うまくいかなかったことなどを明確にして、次の学習に生かせるようにします（**写真２**）。

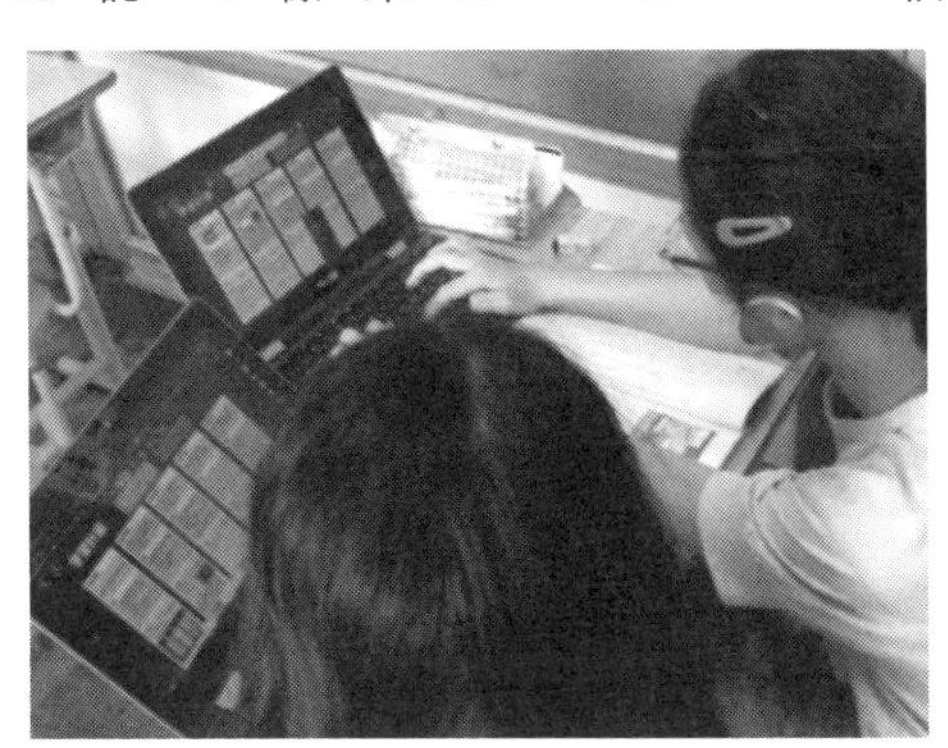

写真２　友だちと学習計画を確認・調整

④「合理的・倫理的にテクノロジーを活用する考え方や行動」

各教科において、善きテクノロジーの使い手となることや、人とのかかわりや社会とのつながりを意識させるために、「デジタル・シティズンシップ」の要素を活用しています。

ちなみに、前述の「情報探究」の「デジタル・シティズンシップ」の領域においては、「メディアバランス」「プライバシーとセキュリティ」「デジタルの足跡」「対人関係とコミュニケーション」「ネットいじめ」「メディアリテラシー」に関する学習を行っています。

また、たとえば学級での係活動や当番制の活動においては、子どもたちがオンラインでの広報活動を行っており、社会とのつながりや社会への参画を意識し行動できるようにしています。第４学年以上の各学級がそれぞれで運用している「学校公式子供ブログ」は、「毎朝、朝の会にて予定記事を発表～チーム（当番制）で取材～ブログで編集・記事作成～帰りの会にて発表～学級全員で校正～公に発信」という流れで活動しています。

オンラインでの広報活動は、「情報の収集～情報の整理～表現・発信」という一連の情報活用プロセスを踏むため、子どもたちの情報活用能力や市民性・社会性を育成するのに大きく貢献していると考えています。学校のよさを効果的に伝えるための文章や画像等の作成・編集能力のような技術的なことを身につけるだけでなく、不特定多数が読者であることを想定した内容となっているか、著作権や肖像権などの権利を侵害していないか、などにも意識を向けさせることが可能です。

授業事例

(1) 主体的・対話的で深い学び――第6学年「わたしたちにできる国際協力」

本校では、ＩＣＴ関連企業や商業等の地域関連企業、ユニセフ・ＪＩＣＡ等の機関、シビックテック活動をしている団体との相互連携を図り、主体的・対話的で深い学びを実現するようにしています。

ここでは、第6学年の教科等横断的な授業の実践を紹介します。「私たちにできる国際協力」をプロジェクトとして、各教科の単元と、総合的な学習の時間を相互に関連づけた取り組みです（**図3**）。

本単元は、さまざまな人々とつながり、実体験を伴った社会への働きかけをすることを通して、一人ひとりが持続可能な社会へと変革させる担い手であるという地球市民意識をもたせるとともに、批判的に考えることができるようにすることを主なねらいとしました。

この単元後半では、アフリカの日常的な布であるチテンゲを用いた小物づくりとその販売による収益金を用いた支援を行うというプロジェクトを実行しました（**写真3、図4**）。

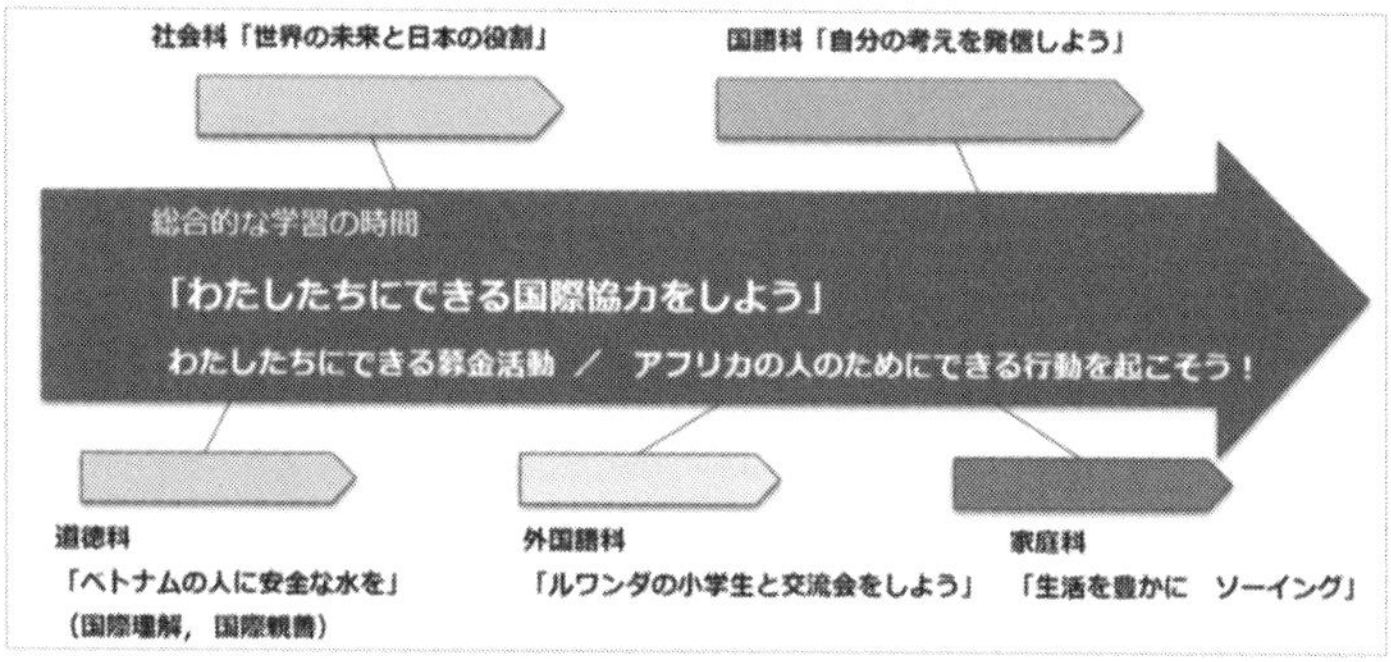

図3　第6学年「わたしたちにできる国際協力」

〈主な学習の流れ〉
○支援が必要な世界の現状について情報の分析を通して理解する
↓
○募金等に関する国際協力の現状を知る
↓
○自分にできる国際協力について社会科の学習をふまえて考え行動する
↓
○自分たちの活動を評価し、新たな課題を設定し、改善した計画を立てて実行する
↓
○ルワンダの課題を収集し、ＳＤＧｓコンセプトマップを用いて分析し、表現する
↓
○ルワンダの学校とオンラインでつながり、互いの国について伝え合い交流する
↓
○アフリカの抱えている課題についてふり返り自分たちにできる国際協力をするという新たな課題を設定する
↓
○アフリカの人のために自分たちにできる具体的な行動について考える
↓
○アフリカ布（チテンゲ）を用いたアパレル販売による国際貢献のあり方を検討する
↓
○大型小売店へチャリティーバザーの企画書を作成し、提案を行う
↓
○企画に基づき、各プロジェクトチームに分かれて地域の方々と協働して活動をする
↓
○大型小売店にてチャリティーバザーを開催し、収益金を活用して文房具をルワンダに寄贈する
↓
○自分たちの活動の報告会と評価をする

図4　第６学年「わたしたちにできる国際協力」の学習の流れ

(2) 情報探究――第5学年「AIってなんだろう」

前述のように、「情報探究」においては、コンピュータサイエンス等に関するスキルを第1学年から系統的に高めるようにしています。ここでは、第5学年「AIって何だろう」について紹介します。

本単元は、第5学年が、ＡＩのしくみや特性を理解し、ＡＩ技術を活用してプログラムを組む方法を理解したり、身近な生活を豊かにするためのＡＩの活用について考えたりすることをねらいとした取り組みです。単元後半では、生成ＡＩ（教育用対話型生成ＡＩツール〝&box Classroom〟〈「特定非営利活動法人みんなのコード」開発〉）と実際に対話しながら、生成ＡＩは、もっともらしく不正確な回答をする場合があることを確認し、その特性を理解できるようにしました。また、明確な指示や、対話を重ね、より意図に即した結果を得る工夫、回答の適否について確認する方法などについても検討しました（写真4、図5）。

〈主な学習の流れ〉
○ＡＩについて知っていること、学びたいことについて話し合う
↓
○ＡＩを使っていないプログラムと使ったプログラムを比べて違いに気づく
↓
○画像認識ＡＩで機械学習を体験する
↓
○学習データによって認識結果が左右されることに気づく
↓
○画像認識ＡＩによって解決できそうな身の回りの問題を見つける
↓
○解決方法を考え、プログラミングする
↓
○グループ内で中間発表をする
↓
○プログラミングの続きを進める
↓
○作ったプログラムを共有する
↓
○生成ＡＩについて知り、実際に使ってみたうえでしくみや特性を理解する
↓
○生成ＡＩを使った結果について共有し、どのように付き合っていけばよいか考える

図5　第5学年「ＡＩってなんだろう」の学習の流れ

写真３　第６学年　大型小売店でのチャリティーバザー

写真４　教育用対話型生成ＡＩツール“&box Classroom”

なお、子どもたちの生成ＡＩの利用にあたっては、保護者の同意をいただきました。また、保護者と学校が連携して「生成ＡＩを中心として高度技術への向き合い方」のガイドラインを作成しました（図6）。このガイドラインは、子ども、教師、保護者がともに生成ＡＩの特性を理解し、自律的に生成ＡＩを活用しながら、学んでいくための指針を提供することを目的としています。作成にあたっては、ＰＴＡ会長に中心となっていただき、ＰＴＡにおいて何度も検討を重ねました。こういったプロセスは、新しい取り組みへの保護者理解を得るために、とても大切なことだと考えています。

おわりに

学びのＤＸに向けて管理職には、子どもと職員の日常的なテクノロジー活用や新しい学びの方法への取り組みのための支援体制を強化することが求められます。ここでは紹介できませんでしたが、研修のあり方の見直しや、保護者・教育委員会・外部専門家との連携、職員へのフィードバックなど、さまざまな取り組みが必要になってきます。その際には、これまでの自分の常識だけで判断するのではなく、子どもや職員の行動や発言を注意深く見たり雑談をしたりし、観察対象の子どもや職員の目を通じて教育活動を見たり、その人の感情を通じて学校運営の状況を感じ取ったりすることが大切です。そのためには、本音を語り合い、多様性を認め合いながら協力し合う風土や、自由な発想で小さな取り組みからでもアジャイルに進める環境を醸成することにも尽力しなければなりません。

生成AIを中心とした高度技術への向き合い方

2023/06/22
第1.0版

本ガイドラインの目的

このガイドラインは、小学校の教師、保護者および児童が生成 AI を中心とした高度技術を適切に利用するための指針となります。

現在、新たなテクノロジーの創出や人工知能の高度化等による社会の変化により、情報端末やインターネット等の使い方を知らずに生きていくことは難しい状況です。

生成 AI もそのような社会に必須のものになるでしょう。そのため、生成 AI がもたらすメリットを学んだり、創造的な使い方を学んだりする必要があると考えます。

一方で生成AI の悪用や不適切な使用方法による潜在的なリスクもあります。まだ私たちの社会が想像もしていないリスクもあるかもしれません。

そのため、生成AIの適切な使用範囲を理解するために児童とともに教師・保護者も学ぶ必要があると考えます。

本ガイドラインでは児童、教師、保護者がともに生成 AI の特性を理解し、自律的に生成 AI を活用しながら、学んでいくための指針を提供することを目的とします。

本ガイドラインの構成

このガイドラインは以下のパートから構成されています。

図６　PTA が中心となり作成した生成 AI に関するガイドライン

学びＤＸ編

【事例】愛知県春日井市立坂下中学校

「日常での活用」からの学校ＤＸ

今田　宗孝（愛知県春日井市立坂下中学校長）

本校の日常

前任校からＩＣＴを活用した日常的な授業改善に経年的に取り組んできたものの、学校ＤＸの本来的な意味や推進する内容などについて意識するようになったのは、まだ最近のことです。ただ、ＧＩＧＡ環境をはじめとするＩＣＴは、日常の業務や授業に無理なく溶け込んでいることが大切であることは、いつも意識してきたところです。この機会に、本校がどのようにＧＩＧＡ環境などのＩＣＴを活用してきたのかをふり返りながら、直面した課題や、校長としてどう対応してきたのかなどを共有します。

朝、教職員はGoogle Chatやメールなどを確認して、教科指導用の端末持参で教室へ。教頭や養護教諭をはじめ、担当教員が学校情報アプリで欠席連絡を確認して、校務管理システムで出席簿と連携させせながら入力。朝の短学活で健康観察を行い、体調に問題があれば教員用端末で校務管理システムに入力。生徒への連絡はGoogle Classroomでされているので、最低限の確認のみ。並行して、校内フリースクールで過ごす生徒の情報を全教職員がGoogle ChatやGoogle Jamboardで共有。授業が始まると、Google Classroomで事前に示された学習目標やルーブリック、手順などをもとに、見通しを持ちながら学習に取り組んでいきます。そして、教科や学習の内容に応じた学習形態で学習をすすめ、まとめでは、みんなが何を学んだのかをGoogleスプレッドシートで互いに共有・確認し合いながらふり返り、次の目標を入力。そして、授業中や部活動中の体調不良や早退の生徒の情報、夏季に暑さ指数が上昇し、外での活動を中止にする際などにも、全教職員がGoogle Chatで共有し、その時の状況に合わせて学校情報アプリを使って適切かつ迅速に対応。

最近の本校の日常はこんな感じです。

「まずは授業での活用」から「まずは日常での活用」への転換

今でこそ、このような日常の様子ですが、試行錯誤・紆余曲折があってのことです。導入当初は「まずは授業での活用」から取り組もうと、1人1台端末やクラウドなどのＧＩＧＡ環境を有効に活用するべく、提示型のＩＣＴ機器も含めて「常設」「日常的」として環境を整え、端末の活用の仕方のルールづくり、そして、「まず触ってみる・使ってみる」としてGoogleアプリに関する研修などに力を注ぎました。

精力的な準備や研修等をしたかいもあり、授業での端末・クラウドの活用が始まり、Google Jamboardでの共同作業やGoogleスプレッドシートでの考えの共有などが行われるようになり、順調な活用状況であるように思われました。とはいえ、紙媒体で配付していたワークシートが端末・クラウドで行われたり、ネット上で語彙や資料を検索・入手することなどは増えましたが、生徒が学習で主体性を発揮したり、教科担任が安心して授業を思いのまま展開できたりする活用には、まだかなりの時間や経験を要する様子がありました。そこで、この局面を打開していくために、今一度、日常業務での端末・クラウド活用を推進し、そのよさの実感とスキルや考え方を向上させることに軸足を置くこととしました。つまり、「まずは授業での活用」から、「まずは日常での活用」へと転換させることにしたのです。

少々強引なところもありましたが、教職員の連絡を全員Google Chatで行うこととしたり、諸会議や研修には必ず端末持参で事前配付・即時入力、さらに情報発信・共有も教職員や生徒の発想やアイディアを取り入れたりしました。そして、そこでは「楽・便利」「本質」という視点と、制約・制限を最低限にして見直し・改善を図るという考え方を優先しました。

とはいえ、教職員のなかにはGoogle Chatでの情報発信・共有に躊躇(ためら)いがあったり、クラウドと校務支援システムや紙媒体との重複に便利さを実感できなかったりということもありました。また、当然のことですが、端末やクラウドの日常業務での活用に、すんなりなじむ教職員もいれば、苦手な教職員もいましたが、互いにカバー、フォローし合うことで、小さな「楽・便利」を何度もくり返しながら粘り強く取り組みました。このような日常の連絡や会議・研修での端末・クラウド活用は、「楽・便利」の経験を重ねるに従ってどんどん業務に浸透していき、活用の様子にも変化が見られるようになりました。

端末・クラウド活用の日常化による変化

特筆すべき大きな変化は二つあります。

一つめは、教職員や生徒の意識の変化です。連絡・調整だけでなく「もっとこんな活用をしてみたい」「こんなことができるのでは」という様子が多く見られるようになりました。担任の発想によるGoogleサイトによる学級からの情報発信や、養護教諭からの発想による学校情報アプリによる健康チェックなどがありました。

生徒からもGoogle Chatでのテスト勉強情報の共有を皮切りに、あっという間に活用が日常化しました。学習だけでなく、修学旅行や野外学習のしおりづくりにおいてもGoogleドキュメントやGoogleスプレッドシートを共同編集しながら完成させたり、実行委員同士の相談もGoogle Chatで行ったりするなどの活用が見られました。そして、生徒総会では、活動報告の後で、生徒会や各委員会が要望・質問をGoogleフォームに回答してもらうかたちで集め、それをもとに活動を見直すといった取り組みも行われました。これまでのように紙を集めたり、話し合いの時間を設定したりする必要がなく、すぐに共有が図れ、活動に生かせるという「楽・便利」の機能をもっと広げてみたくなったことの表れです。

二つめは、クラウドによる単元の学習計画の提示とその共有です。単元の学習目標やルーブリック、パフォーマンス課題に単元テスト、そしてふり返り等を、単元導入前からGoogle Classroomで共有することが、ほとんどの教科で行われるようになりました。生徒にとっては、学習の見通しがもちやすくなるだけでなく、自分自身やみんなの学びをいつでも確認できるよさがあります。

また、教員側から見ると、授業づくりが「その日の1時間をどのように教えるか」から、「この単元では何を身につけさせるのか」へと変わり、教科指導の「本質」は何であるかを考えられるようになってきました。そして、それを実現するためには、どのような資料や活動が必要で、何を使うことでより深い学びへとつながるのかという点にも目が向くようになってきました。つまり、Googleのアプリがあるから使うのではなく、教科の「本質」に迫るという目的のためにそれらを意図して使えるようになってきたのです。また、パフォーマンス課題についてもGoogle Classroomで提出することにより、提出状況が把握しやすくなっただけでなく、生徒が何につまずいているのか、何をわかっていないかも把握しやすくなり、個に寄り添った指導にもつながる結果となりました。

また、1人1台端末とクラウドの活用のよさとしてよく取り上げられるように、これまで学級のなかで積極的に発言できなかった生徒の考えが教室全体で共有できるなど、クラウドを活用することで、仲間の考えを誰でも・いつでも見ることができることを前提に、生徒の学び方や授業デザインを見直し、新たな授業づくりにチャレンジする様子も増えてきました。生徒も、これまでの学び方だけでなく、自分の興味や関心をもとに、新たな見方・考え方で課題を捉えることができるようになるとともに、仲間の考えを参考にしながら自分の学びを深められるような場面が増えてきました。そして、自分の考えをまとめたり、グループで考えを共有し練りあげたりする際に、必要に応じてGoogle JamboardやGoogleスプレッドシート、Googleスライド等を気軽に短時間で作成・活用するなど、楽しく主体的な学びのために、うまく使いこなす様子が日常となってきています。

ただし、失敗もありました。セキュリティやチャット活用のマナー上の問題の発覚です。しかし、その失敗により、それらの意識も高まりました。これらの例のように「楽・便利」「本質」による端末・クラウド活用の日常化により、教職員と生徒の主体性の発揮や授業改善につながったのだと受け止めています。

校長や教職員の日常業務の改善につながったことを一つだけつけ加えておきたいと思います。日常的な業務上での情報共有は、組織としてよりよく業務を推進するためにはとても重要なことです。春日井市では、そのための校務支援システムが導入され、個人メールアカウントが付与されて久しいですが、このたびのＧＩＧＡ環境の導入は、校長や教職員の業務にとってとても強力で有効なアイテムとなっています。

校長は、学校の経営方針や重点目標などについて、これまでＧＩＧＡ以前にもさまざまな方法や手段により、職場全体、そして生徒や保護者、地域に対しても情報を発信・伝達してきていますが、1人1台端末やクラウドは、それをより安易に、また有効なものとしています。一例をあげると、職員会議や企画会議、打ち合わせ時の連絡や指導の場面では、校長が伝えたいことを事前にGoogleドキュメントで作成したものをGoogle ChatやGoogle Classroomに添付し、当日は最低限の内容のみ話すようになりました。

もちろん、校長の思いを言葉で伝えることが大事であることは重々承知していましたが、伝える内容が多かったり、詳しく説明しなければならなかったりすると、口頭ではなかなか教職員に伝わらないこともあります。そのうえ限られた時間・場面だけなく、クラウドでいつでも確認できるのは、発信側にも受信側にも有益です。そして、確実な情報伝達・浸透という「本質」の実現につながっています。さらに、教職員にとっては、入手・提供された情報を、学年の打ち合わせや、学年・学級通信の作成に活用できたりすることでも「楽・便利」を実感することにつながっています。

デジタルだけの話ではない

このような本校の様子ですが、全体の土台となっているものがあります。学習指導要領のもとでの学習と評価を実現しながら、生徒が生涯にわたって学び続けられることを目指した日常的な授業改善による学校づくりの仕組みと組織の整備です。

本校では、自分の考えをもち、学びを自分事として捉え、主体的に学ぶということを生涯にわたって続けられるような生徒を育成したいと願い、「自分の考えをもち、生涯にわたって主体的に学び続けられる生徒の育成」をテーマに２０２０年度より研究を進めています。このテーマのもと、生徒が自分の考えや見通しをもって学んだり、互いの考えのよさを出し合って学んだりする活動が日常的に展開できるよう、「自分」と「まわり」という年間を貫くものと、年間３回の校内授業研究会を軸として、すべての教育活動や業務を関連づけていくことで学びと学校全体の質の向上を図るようにしています。

教科指導だけでなく、すべての教育活動を「自分」と「まわり」として目的と位置づけを明確にすることで、ほかの教育活動とも関連させながら、生徒が主体性と協働性を自ら育み、さらにそれらを発揮できること、そして、そのことが教科での「個別最適な学び」と「協働的な学び」でもよりよく発揮されたり、教科での学びが日常にも生かされたりしていくことを意図しています。つまり、学びや活動が学習や日常に溶け込むことが大切であるという考え方です。

また、「自分」に関して、生徒自身が自分を見つめ、次の目標をもちやすくすることを意図して、学習評価の頻度や方法、定期テストの位置づけや回数、通知表の配付などに至るまで見直し・

改善を行っています。

　一方、年間3回の校内授業研究会を軸とした全校での日常的な授業改善は、東京学芸大学の登本洋子先生より指導・助言をいただきながら、経年的に取り組んでいます。生徒が主体的に学ぶ授業が日常的に展開されることを目指して、教科担任制の中学校でも、課題設定の仕方や、ICTの有効活用などを観点に、教科を超えて互いに授業を公開し協議し合うことで、無理なく小さな改善を積み重ねています。このように全校での日常的な授業改善は、生徒が学びを自分事として、そして、まわりと協働しながら生き生きと学ぶ姿や、教職員の主体性や協働性の発揮が期待され、そのことにより学校全体の質の向上につなげていくことを目指すものです。

　そして、今後は学校での学びをきっかけに個々の生徒が問いをもち、より深い学びへと向かうことができるような授業へとブラッシュアップをしていきたいと考えています。生徒はもちろんのこと、教職員の主体性の発揮やその先の幸せにつながるに違いないこの仕組みは、GIGA環境のもとでより実現可能となったのです。デジタルが鍵を握っていますが、デジタルだけの話ではありません。

　ここまで本校の変遷の様子を中心に記述してきましたが、学校DXの推進は、GIGA環境などICTの「日常的な活用」と、土台となる「仕組み」が鍵なのではないかと考えています。今後も引き続き、日常的な活用を進めながら、本校なりの歩みで学習や学校全体の質の向上に向け取り組んでいきます。

学びＤＸ編　【事例】お茶の水女子大学附属中学校

学習環境・学校生活環境としてのＩＣＴ整備とその活用

宗我部 義則（お茶の水女子大学附属中学校副校長）

本校のコンピュータ＆ネットワーク整備と活用の経緯――「道具」から「環境」へ

本校のコンピュータ活用研究は、１９９０年にコンピュータの校務活用に関する研究開発指定を受けたことに始まります。当時は、コンピュータ教室では生徒端末（Macintosh SE/30）で有線ＬＡＮを構築していたものの、職員室のＰＣはスタンドアロンで、この研究指定も文書作成や成績処理など教員の校務活用が課題でした。校務効率化の「道具」としての活用と言えるかもしれません。

しかし、１９９５年にお茶の水女子大学のインターネット整備の一環として有線による校内ＬＡＮが整備され、各教室にネットワーク端末が1台ずつ配備され、一般教室で自由にインターネットが使える状況が始まるとともに、私たち教員の認識が変わり始めました。たとえば教室に黒板があるのが当たり前の学習環境ですが、黒板を授業のための道具と改めて意識することはほとんどありません。これと同様に、コンピュータも情報端末（道具）として意識せずに、誰もが活用する学習環境の一部になると感じたのです。

教員有志で行っていた整備や活用推進の専門分掌として「情報部」を設置して校務に位置づけるとともに、インターネットの普及とともに提唱され始めたCSCW(Computer Supported Cooperative Work=コンピュータ支援による遠隔協同作業）の考え方を、協同学習に応用する活用研究を試みたのもこの頃でした（授業事例として連句の協同創作学習をオンラインで行う試みが『お茶の水女子大学附属中学校研究紀要27（1998年）』に報告されています）。

こうして本校では30年も前から「道具から環境へ」を提唱しつつ、ICT活用を試みてきたのですが、順調に整備や活用が進んできたわけではありません。すべての教室への情報コンセントの敷設や、生徒用端末の入れ替えなど、その時々の整備は進めてきましたが、大学のネットワーク管理や整備方針の転換等もあって、活用が低迷した時期もありました。

しかし2018年から無線ネットワーク環境が再整備され、2019年には第1学年で1人1台環境を整備して、これを活用した運用をスタートしました。そして2020年にはGIGAスクール関係の予算を活用して全学年で1人1台環境が完成し、先行学年の活用をモデルにしながら、ほぼ現在の基盤がつくられました。その中心になったのは広報情報部を核とする若手の教員たちでした。

1人1台端末やクラウドシステムをどう活用しているか

２０２３年現在では、全教科の授業はもちろん、学校生活のあらゆる場面で1人1台のChromebookと、Google Workspace for Education（以下ＧＷＥと略）および、ロイロノート・スクール等の学習用クラウドを基盤とした活用が進み、もはやこれらの環境を前提にしない教科運営、学年経営は想像できません。以下にいくつかの事例をあげて、学校のＩＣＴ環境をどのように活用しているか、現在の本校の日常を紹介していきます。

(1) 個の学びと協働の学びを行き来する——各教科の授業での活用

本校は「個の自立を支え、相互啓発の学びを促す～ＩＴ革命後の学校像を探って～『創造を支える情報活用の力を育む』」（２００1年～２００3年）や、「協働的な学びを生み出す子どもを育てる～幼・小・中12年間の学びの適時性と連続性を考えた連携型一環カリキュラムの研究開発」（文科省開発研究学校指定・２００5年～２００7年）などの研究主題にも見られるように、「相互啓発」や「協働的に学ぶ」のキーワードを授業づくりの基盤に置いてきました。

そこにコロナ禍が発生し、隣同士やグループでの対話や班活動が制限される一方で、1人1台環境が整備されたことが、協働的な学びを学習用クラウドを活用するかたちで達成しようと

図１　学習クラウドアプリを協働の学びに生かす

する授業づくりが一斉に行われるようになったきっかけとなったと言えます。

たとえば**図1**は２０２１年度の本校研究協議会のＩＣＴワーキンググループがまとめた各教科の活用事例の一部（国語科）です。Googleドキュメントのコメント機能を活用した相互コメントや意見交流、ロイロノートを使って学習成果物を一覧にして読み合って学び合う学習、スライドや発表物を共同編集してつくって発表学習を行う事例などが紹介されています。

もちろん協働的な学びの成立には、一人ひとりが確かに自分の考えを持ったり、自分の感覚とじっくり向き合って制作したりする個別の学びが保障されていることが大切ですが、１人１台端末を活用することでそれが達成されます。

たとえば、**図2**の美術や音楽の活用の事例では、一人ひとりが自分のアイデアや感覚を大切に学

図２　個の学びと協働の学びを行き来する

写真　写真集に付箋で書き込みしつつ端末を併用する生徒（国語）

習を進めている様子がとらえられています。興味深いのは、美術では鉛筆でモノの表面の模様を写し出した結果を写真にして共有したり、音楽では端末上で考えたコード進行を実際に楽器を弾いて確かめるなど、カラダを使った手作業と機器活用による整理や共有が境目なく行われていることです。**写真**の詩の授業でも本物の写真集に付箋を貼って書き込む作業と、そこから生まれた言葉を端末にメモする作業とを生徒たちはごく自然に行き来しながら学び進めています。

ＩＣＴ活用が授

業に根づくには、特別な道具をどのように使うかでなく、生徒が、個の学びと協働の学びとを、あるいはカラダによる学びとＩＣＴによる学びとを無意識に行き来して学んでいく様子をイメージすることが大切なのです。

(2) 生徒たちの学校生活を円滑にする基盤として——学級活動や生徒会活動での活用

授業での活用は教員主導になりがちですが、本校では生徒会活動の場面でも、ＧＷＥを使って、すべての委員会・部等のクラスルームを作成し、これを基盤として活動を行っています（図3）。ここでは生徒のアイデアによる運用も目立ちます。たとえば、保健委員会では委員会記録を共有するとともに、全校に配付する文書を共同推敲したり、アンケートを共同作成して結果も共有したりしています。またダンス部では、部員間の連絡メディアとして活用し、中心メンバーが考えたフォーメーション図を共有したり、バレー部では試合ごとの反省会の記録を共有したりしています。

生徒会活動だけでなく、全学級のクラ

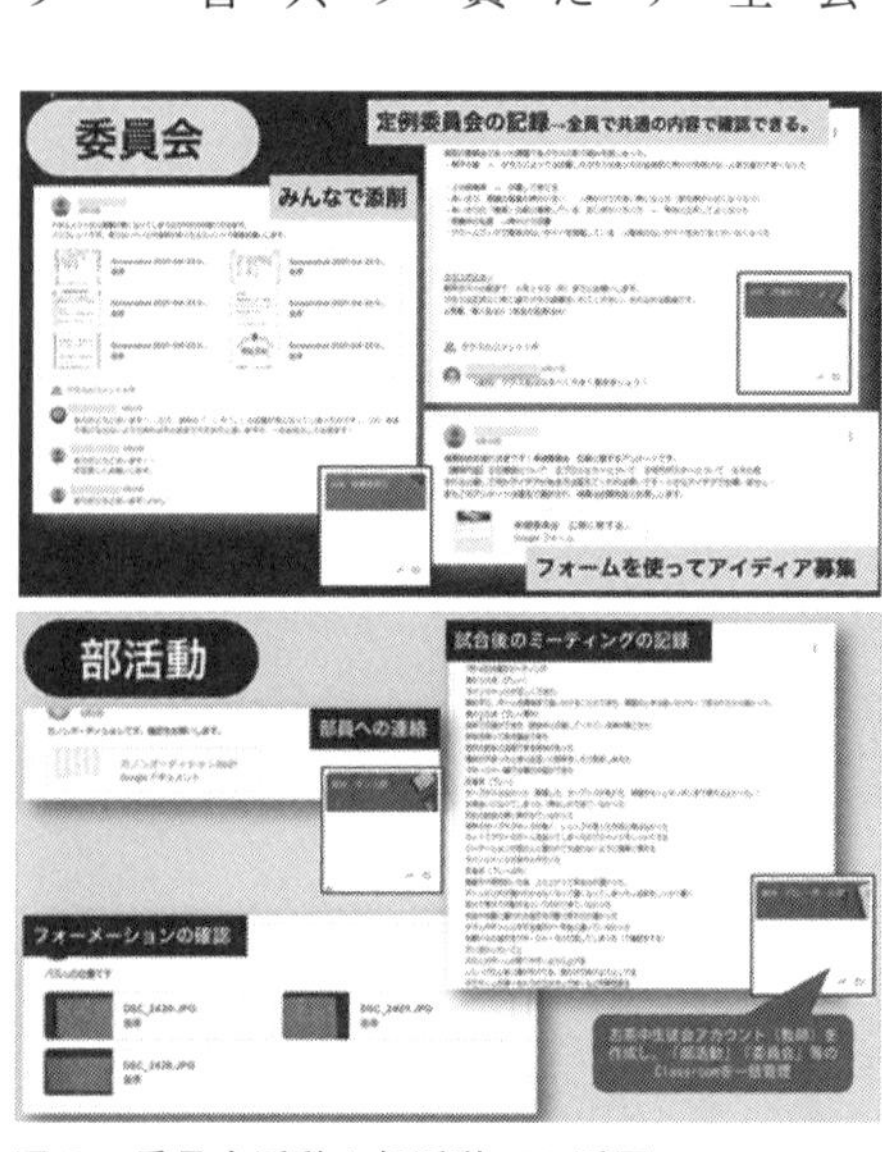

図3　委員会活動や部活動での活用

スルームを作成することで、学級活動の基盤にもなってきています。たとえば、コロナ禍で全校集会ができなかった時期、生徒総会では、総会資料を全クラスのクラスルームで共有してペーパーレス化を図るとともに、採決を行うのに、議長の放送に合わせて各学級の評議員がクラスごとに挙手を数え、共有されたスプレッドシートに書き込んで報告するといった方法が考案されました。また、毎日行う、翌日の教科連絡や持ち物の連絡等も、これまでは係の生徒が連絡黒板から視写してきたメモを学級の連絡ボードに転記して伝えていましたが、生徒と共有したスプレッドシートに、教員が連絡事項を書き込んで直接共有する方法を試みるなど、朝夕の学級活動の時間の運営などにも変化が出てきています。２０２２年度から学校貸与端末の持ち帰りができるようになったことで、ＬＩＮＥ等の外部メディアを使った生徒間の情報共有から、学校の公的なコミュニケーションスペースとして活用する試みも始まっています。

(3) 教員間の情報共有や意思疎通を支える——職員会議や校務分掌での活用

本校でこれほど短期間に一気に学校ＤＸが進んだ理由としてもう一つ指摘しておきたいのは、職員会議や校務分掌においても、生徒たちが授業で活用するＧＷＥ（クラスルームやアプリケーション）等で会議資料等の共有を行うようにしたことで、教員がこれらの学習クラウドに日常的に触れるようになったことが少なからず大きいのではないかということです。

本校では、それまでは大学から配備されたシンクライアント端末と学校文書サーバーとで文書共有や校務情報の共有等を行ってきました。しかし、学習クラウドの整備とともに、会議等での情報共有部分を中心に活用を進めたり、校内研究会でPadlet（パドレット）等のアプリを使ったり等、教員が実際に使ってみるようにしています（個人情報の扱い等、ルールの整備も同時に行い、文書保管は文書サーバーを主とするなど、運用上の約束の整備も進めつつ活用しています）。

次の展開への見通しや現在の課題

本校では2024年度入学生からはBYAD（Bring Your Assigned Device：学校指定の端末を購入していただく）の導入を計画しています。図4に掲げた2021年段階の課題のうち、この2年間で対応が進んだ部分も、なお課題である部分もあります。ICTをめぐっては機器やアプリの機能向上等にも柔軟に対応しつつ、いっそうの学校DXを進めていきたいと考えています。

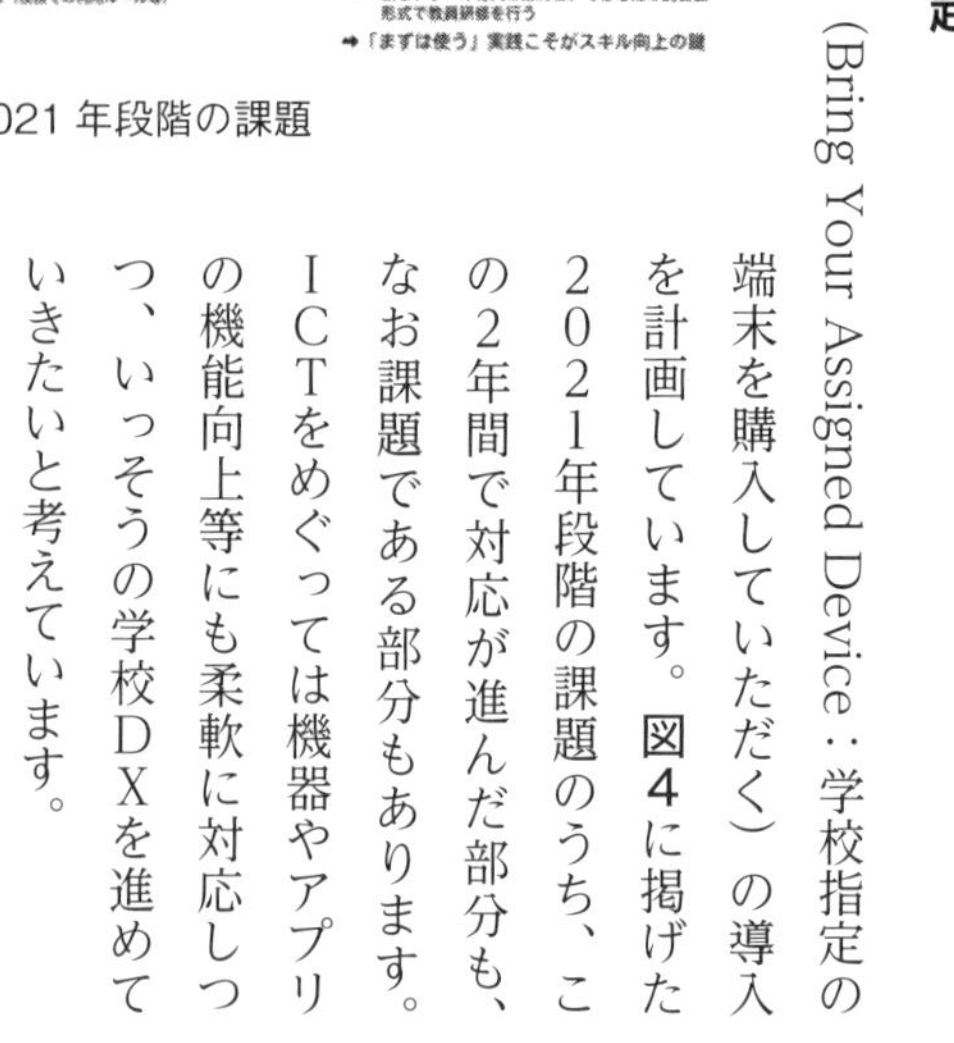

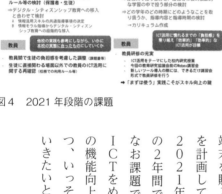

図4　2021年段階の課題

学びＤＸ編　【事例】宮城県仙台第三高等学校

教育ＤＸの推進による学びの充実

高瀬　琢弥（宮城県仙台第三高等学校教頭）

２０２３年６月16日、第４期教育振興基本計画が閣議決定されました。今後の教育政策に関する基本的な方針のなかに、教育ＤＸ（デジタルトランスフォーメーション）の推進が打ち出されていることが大きな特徴であり、さらに各方針においてもＩＣＴの活用が盛り込まれています。そこで、本校におけるＩＣＴ利活用の実践と各方針との関連性を検証していくことが、今後のＩＣＴを活用した教育実践のうえで参考になると考えます。

教育ＤＸの推進および実効性確保のための基盤整備

本校は、２０１０年にＳＳＨ（スーパーサイエンスハイスクール）指定を受け、２０２３年度は第３期２年目となります。２０１５年に全教員が所属するＳＳＨ－授業づくり研究センター

（以下、ＪＤセンター〈図〉）が設置され、ＪＤセンターが中心となり、授業改善と学習評価の実践を一体的に取り組んできました。授業改善においては、「生徒主体」「知的好奇心の喚起」「考えるしかけ」を授業設計の３観点とし、主体的・対話的で深い学びを具現化するため、高次のＡＬ（アクティブ・ラーニング）である、ＰＢＬ（問題解決型学習および仮説検証型のプロジェクト学習）や探究型学習（探究サイクル型学習）の開発に取り組んでいます。

本校が１人１台端末活用の取り組みを始めたきっかけは、２０１９年４月、佐々木克敬前校長がＩＣＴ端末を用いた新たな学びを先生方に提案したことでした。当時の先生方の多くが、ＩＣＴはドリルやインターネット検索用と考えていたので、佐々木前校長は、それまでの授業改善の取り組みをさらに充実させるために、ＩＣＴを活用したインタラクティブ型授業を付加することで、探究型学習が大きく発展する可能性を説明しました。その後、１人１台端末の導入と新しい教育プログラムの開発

図　JD センター組織図

が推進されました。

ＪＤセンターによるさらなる授業改善の取り組みと並行して、Google社や東北大学大学院堀田龍也研究室等と連携し、さまざまな支援をいただきました。新設された図書ＩＣＴ部が、Chromebook端末の導入とＢＹＡＤ（Bring Your Assigned Device）方式による端末整備およびＭＤＭ（端末の一元管理）によるセキュリティ管理の仕組みを整えるとともに、ハード・ソフト両面の整備で中心的な役割を果たしました。ハード面では教育委員会等の助成を受け、各教室のWi-Fi環境だけではなく、教室や特別教室のプロジェクタや大型スクリーン、プロジェクタ用スピーカーなどの備品整備や、教員用教室持参ツールパッケージ（各種ケーブル、プロジェクタ用リモコンおよびペン等）などの調達および設置等も含め基盤整備に尽力しました。ソフト面では、教員の情報活用能力向上のために、教員のニーズを把握し、それに応える「ちょこ研」と呼ばれる希望者参加型の短時間のＩＣＴ利活用研修を随時開催しました。さらには、ＩＣＴ機器等の操作法を忘れたときに自ら検索できるように本校の教育情報共有のためのプラットフォームであるOneNote上に資料を保存しています。

そのほか、本校で行われてきた授業のＤＸ、クラス経営のＤＸ（Googleクラスルームでの連絡、Googleフォームでの健康管理、ｅメッセージの欠席連絡等）、行事のＤＸ（校内体育行事等でのYouTubeやZoom配信、Googleフォーム、スプレッドシート、サイトを利用した情報共有）、部活動・委員会のＤＸ（YouTube配信・ＵＭＵの利用）はＨＰ（ホームページ）や

YouTube上で公開しています。

今後は、生成AIの有効活用、VR（仮想現実）を利用した学びを推進していくうえでの環境整備が課題となっていくでしょう。

グローバル化する社会の継続的な発展に向けて学び続ける人材の育成

①国際交流・外国語教育の充実・ESDの推進

グローバル化における国際交流や外国語教育の充実、SDGsの実現に貢献するESDの推進は不可欠です。

2022年度、県内のSSH指定校4校合同で、県教育委員会の支援を受け、本校が主管となりアメリカのボストン地域を訪れる海外研修を実施しました。ハーバード大学、MIT、ボストンの高校を訪問し、最先端の研究や教育を体験するとともに、交流事業を行いました（**写真1**）。事前・事後の研修はアントレプレナーシップの向上を目指し、起業家や大学の研究者等とオンラインを利用して、打ち合わせ、講演、交流事業を実施するとともに、Googleサイトを利用して、海外研修時の報告や研修成果等の情報共有を行いました。こう

写真1　海外研修 MIT にて

した企画で培われたアントレプレナーシップの萌芽が将来花開き、持続可能な社会の創り手となることが大いに期待できます。

また、本校の探究学習発表会においては、本校生徒だけではなく、卒業生の大学院生や県内外の高校生を招いて対面で探究学習発表を行うとともに、海外の高校生も参加し、オンラインで英語による探究学習交流を実施しています。２０２３年度は韓国のチョンリョル女子高校と交流し、韓国の高校生が実践したＳＤＧｓの取り組みについて発表から学ぶとともに、質疑応答や活発な議論が交わされました（**写真２**）。このように対面とオンラインを組み合わせ、自らの発表に対して多くの意見を受けることにより、新たな視点や課題が生じ、探究学習を深化させ、新たな価値創造の契機となる可能性があります。

さらに、本校では東北大学グローバルラーニングセンターの留学生やマレーシアのマラヤ大学の学生に探

写真２　韓国の高校とオンライン交流

写真３　東北大の留学生による学習支援

究学習のアドバイザーとして「伴走」していただくことで、探究の方向性だけにとどまらず、プレゼンテーション能力や言語運用能力の向上に対しても支援をいただいています（**写真3**）。

そのほか、理数科2年生は台湾師範大学附属高級中学を訪問し、探究学習交流を実施しています。また、高校生カンボジアオンラインスタディツアーに参加した本校生は、識字率を上げるためクメール語での絵本作成を提案したり、ハワイ大学の学生と環境問題に関して議論する交流会を実施したりしました。こうした企画の多くはオンラインと対面を組み合わせたかたちで実施され、生徒の社会参画意識の向上だけではなく、文化的多元主義を体験させるたいへん貴重な教育の場となりました。

②主体的な社会形成への参画

２０２２年度、本校の生徒会執行部は半世紀ぶりに生徒会長制へと民主的に変革を成し遂げました。それまでは、四権分立（代議員会・執行部・監査委員会・会計）制を採用しており、執行部の意見を反映しにくい組織構造となっていました。それを打破するため、執行部は昼休みを利用して、生徒会のあり方を話し合う討論会を開催したり、Googleフォームを利用し、生徒の意見を集約したりしました。こうした努力のおかげで、「分権制」から「集権型」リーダーを生み出すことにつながりました。執行部は、ＩＣＴをうまく利活用しながら、意見を集約・分析するだけでなく、生徒総会では生徒がChromebook等を持参し、議案の審議等が行われており、情報活用能力を駆使しながら、全校生徒の自治意識を醸成し、主体的に社会の形成に参画する意識を高めています（写真４）。

③三高型ＳＴＥＡＭ教育の推進

本校では、教科「情報」と「数学」の統計分野を扱う教科横断型の「ＳＳデータサイエンス」という独自の学校設定科目を研究開発し、実施しています。この科目では、情報社会に主体的に参画するための資質・能力を身につけることをねらいとしています。情報に関する科学的な見方・考え方を働かせ、情報技術を活用して問題の発見・解決を行う学習活動を実践しています。さまざまな事象を分析する際に、数学的な視点を組み合わせることで、科学的・論理的に考察し、根拠をもって自分の考えを表現する能力と態度を育て、創造的な能力を高めていくことが期待できます。

写真４　ICT を活用した生徒総会

具体的には、地元の百貨店と提携し、提供された来店客数のデータをもとに、食品ロスを減らす施策を考案したり、ソフトドリンクの月別売上量と気象データを多角的に分析し、相関係数を算出しながら販売戦略を作成したりする、ＰＢＬ型授業を行っています。こうした実践を積み重ねることにより、ＩＣＴを活用しながらビッグデータの分析を進め、実社会や実生活における課題を発見・解決するとともに、新たな価値創造の可能性が広がっていきます。生徒たちは、既習の数学知識を、「どのような場面」で「どのように活用すればよいのか」について、具体的にイメージすることができるとともに、探究活動を行う際の論拠として、データの活用方法を学ぶ契機となります。

④「主体的・対話的で深い学び」の視点による遠隔合同型授業の実践

本校は、京都府の立命館宇治高校とICT機器を用いた遠隔合同型授業を実施しています（**写真5**）。普段交流がむずかしい文化圏の異なる遠隔地の同年代とオンラインで対話し、協働作業をすることで、主体性が育まれ、深い学びへと自然に誘われます。そして、より深い自他への尊重や豊かな感性もまた育まれます。

具体的には「地域を結ぶ歌枕と和歌を創作しよう」というテーマで授業が行われます。まず、自分が住む地域に根ざした言葉を現代歌枕として精選し、写真を添付してお互い交換します。次に、相手校の生徒の歌枕、キーアイテム、画像をもとに心情を読み取って和歌を創作するといった言語活動です。

両校の生徒に対して事前および事後

写真５　立命館宇治高校との合同授業

調査を行い、統計分析（因子分析、t検定ならびにテキストマイニング）を行いました。本校の交流実施クラスと非交流クラス間で、調査結果を比較したところ、すべての因子で有意差が見られ、交流活動が育成したい資質・能力の伸長に寄与していることが確かめられました。表は2学年の各因子の5検法による平均値です。

誰一人取り残されず、全ての人の可能性を引き出す共生社会の実現に向けた教育の推進

外部講師活用型授業として、宮城教育大学の教員主導によるオンラインでの高度プログラミング授業が行われ、またeラーニング教材を使って生徒が個別に学べる形式で授業が行われました。また、Edtech等の民間ベースの学習コンテンツの利用とともに本校オリジナルの学習コンテンツの制作も行っています。

具体例として、本校数学科は反転学習を実施しており、生徒は授業前にYouTube等を利用して学習項目の基礎的な知識・技能を身につけます。授業ではグループ学習等を行い、学びを深めるとともに、iPadで動画撮影しながら、解法をプレゼンし、動画をもとに相互評価する授業を行っています（**写真6**）。事前学習のための本校教諭による

表　育成したい14項目に関する因子分析結果（各因子の平均値）

因子	立命館宇治	仙台三高 交流クラス	仙台三高 非交流クラス
他者の価値観や 考え方を理解する姿勢	4.437	4.549	4.500
地域の特徴や 文化への興味関心	4.318	4.301	3.882
和歌・古典文化への 興味関心	3.851	3.972	3.882

交流クラスと、非交流クラスとでは有意差がある結果

オリジナルの学習コンテンツは随時更新され蓄積されていくので、生徒は個別最適な時期、場所で学習することが可能です。

また、本校には、課題学習の成果がコンテンツとして容易に検索できるシステムがあります。探究学習データの集合体「知の博物館」から生徒は先行事例を学び、上級生の研究課題を引き継ぎ、さらに発展させることで、より質の高い探究学習の成果が蓄積されます。また、先行事例を組み合わせることで新たな価値を創造する契機となることが期待されます。

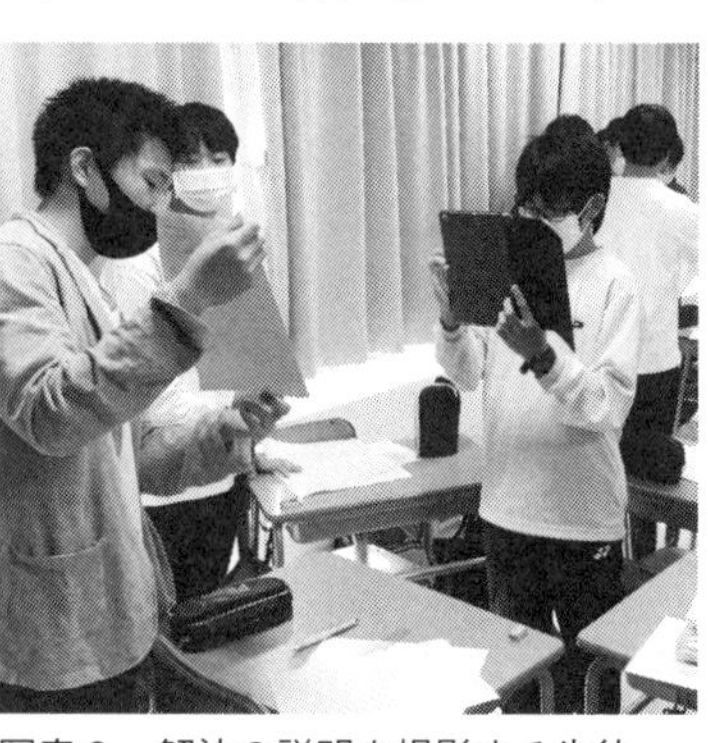
写真6　解法の説明を撮影する生徒

なお、「知の博物館」のほかに、本校独自の設定科目「SSベーシックサイエンス」「SSサイエンス総合」「STEAMライフサイエンス」等の授業実践の学習コンテンツも蓄積され、HPで公開されています。

こうした本校独自の学習コンテンツは、特別な支援を必要としている生徒の学びにも役立っています。

地域や家庭で共に学び支え合う社会の実現に向けた教育の推進

持続的な地域コミュニティの基盤形成に向けて、地域の社会教育施設等と連携して社会教育人材の育成を行っています。具体的には、仙台市科学館や宮城教育大学附属小学校等と連携して、ドローン自動飛行に関するプログラミング教室を企画し、生徒が講師となり地域の小・中学生にプログラミングの楽しさを教えています。また、仙台市鶴ケ谷市民センターや仙台市燕沢児童館等と連携してサイエンス教室を企画し、生徒が地域の小・中学生に実験などをとおして科学の楽しさを教えています。

また、本校は、宮城県仙台地方振興事務所や林業技術総合センターの協力のもと、本校の学校林でのフィールドワークをとおして、植生をipad等で記録するとともに、データ化し、二次林の階層構造調査と経年変化の分析を行っています。

さらに、地理の授業ではＧＩＳ（地理情報システム）を用いた学校周辺のフィールドワークを行っており、生徒はこうした基礎知識と経験を活かし、山形大学と連携して、本校近隣の大堤沼（旧農業用溜池）周辺の環境整備を推進しています。地域団体と熟議を重ね（**写真7**）、公園化計画をまとめ、２０２３

写真７　地域住民と熟議を重ねる生徒

年1月にユネスコスクール全国大会ＥＳＤ研究大会で発表を行いました。こうした活動をとおして地域社会づくりに直接参画することで、当事者意識が醸成され、持続可能な社会の創り手となることが期待されます。

＊

今回の原稿をまとめるにあたり、改めて、本校における２０２３年度までのＩＣＴ利活用の実践が第４期教育振興基本計画の各方針に沿っていることが検証できました。特に様々な授業・事業が関連し合った取り組みが多く、これらをつなぐ手段としてのＩＣＴの役割も明らかにできました。これらの取り組みの多くが個々の教員が主体となった提案型であり、前述したＪＤセンターが企画調整して進めていることが本校の強みとなっています。

今後は、ＩＣＴを活用した働き方改革を推進しながら、生徒、保護者、地域を含むステークホルダーを意識した日本社会に根ざしたウェルビーイングの向上を目指していきたいと考えています。

学びＤＸ編

ChatGPTの具体的な授業での活用事例から考えるGenerative Learning

田中　善将（スクールエージェント株式会社代表取締役／関東第一高等学校講師）

ChatGPTとは何か

ChatGPT（Generative Pre-trained Transformer）は、テキストに基づく質問や要求に対して、それに適切な回答や出力を生成する大規模な言語モデルです。与えられた「プロンプト」と呼ばれる指示や具体例に基づいて、ユーザーが目指すゴールへと誘導します。プロンプトとは、この言語モデルに与えられる指示や問いかけのことを指します。

たとえば、「日本の首都は？」というプロンプトに対して、「東京です」というような回答が生成されたとします。このプロンプトによって、ユーザーは所望の情報やアイディアを引き出すことができます。

条件付き確率とプロンプトエンジニアリング

プロンプトの効果的な活用には、数学的な概念である「条件付き確率」が関連しています。具体例として、田中君と伊藤君という2人の生徒がじゃんけんをする状況を考えましょう（**図1**）。

田中君が「パー」を出す確率は3分の1です。ただし、条件を加えてみると、この確率は変わります。たとえば、2回じゃんけんをして、1回目に出した手は2回目には出せないとすると、田中君が1回目に「グー」を出した場合、次に「パー」を出す確率は2分の1となります。

このように、条件をうまくつけることで、ChatGPTが、私たちが目的とする成果物を「予測しやすく」することができます。

このように、ChatGPTから最も欲しい成果物を得るための工夫を「プロンプトエンジニアリング」と呼

図1　プロンプトの目的を理解する

びます。

プロンプトエンジニアリング7つの基本テクニック

うまいプロンプトを書くためには、基本となる型が存在します。

プロンプトの例
-[ ] 高校生がPythonでプログラミングを学ぶためのウィザードになってください。
-[ ] 以下のa-cをstep-by-stepで繰り返しながら、問題のテーマを学習し終えるか、私が「完了」と伝えるまで繰り返します。
-[ ] a. Themeに沿って1問だけ私に問題を出します。
-[ ] 問題形式は次の1-3のうちどちらかランダムに選ぶ。
-[ ] 4つの選択肢から1つ選ぶ選択問題
-[ ] 私があなたに答えとなる説明や数式を記述する問題
-[ ] 空欄に適切なcodeを補充する問題
-[ ] b. 私はその問題の答えをあなたに教えます。
-[ ] c. あなたは私の答えを評価し、正解なら次の問題に移動し、不正解ならフィードバックを高校生でもわかるように表示し、同じテーマでaに戻ります。私が問題が理解できていないと推定される場合、問題を高校生でもわかるように改善し出題し直してください。
#Theme
- 文字列（print, int）
- 数値（*, /, +, -）
- 計算式記述
- 条件分岐

図2　小テストプロンプト

まずは私が作成した小テストプロンプトを例にとってみましょう（**図2**）。

このように、明確なプロンプトとテーマを設定することで、効果的な学習と指導が可能になります。

選択肢で答える問題を出題したり、具体的な記述回答をする問題を作成できます。

図3では正解したり、間違えたりしていますが、フィードバックがそれぞれ返ってき

ている様子がわかると思います。

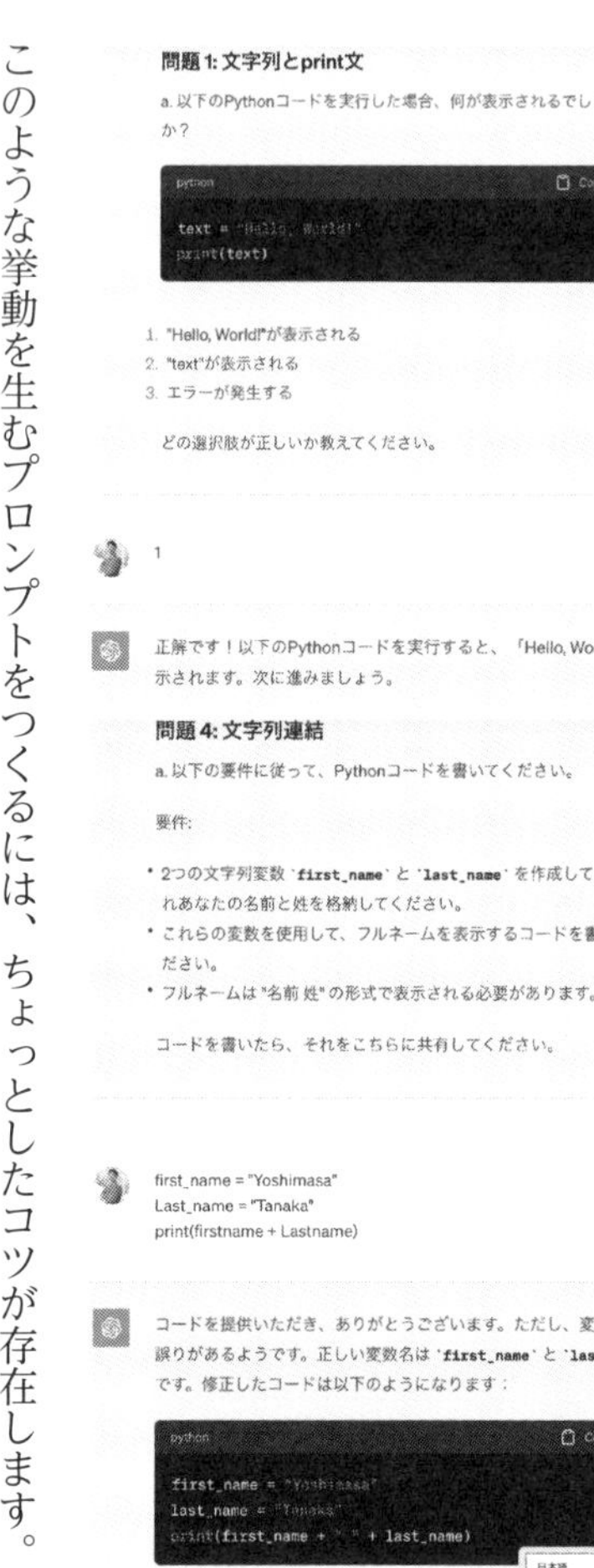

問題1: 文字列とprint文
a. 以下のPythonコードを実行した場合、何が表示されるでしょうか？
python
Copy code
text = "Hello, World!"
print(text)
1. "Hello, World!"が表示される
2. "text"が表示される
3. エラーが発生する
どの選択肢が正しいか教えてください。
1
正解です！以下のPythonコードを実行すると、「Hello, World!」が表示されます。次に進みましょう。
問題4: 文字列連結
a. 以下の要件に従って、Pythonコードを書いてください。
要件:
• 2つの文字列変数 `first_name` と `last_name` を作成して、それぞれあなたの名前と姓を格納してください。
• これらの変数を使用して、フルネームを表示するコードを書いてください。
• フルネームは "名前 姓" の形式で表示される必要があります。
コードを書いたら、それをこちらに共有してください。
first_name = "Yoshimasa"
Last_name = "Tanaka"
print(firstname + Lastname)
コードを提供いただき、ありがとうございます。ただし、変数名に誤りがあるようです。正しい変数名は `first_name` と `last_name` です。修正したコードは以下のようになります：
python
Copy code
first_name = "Yoshimasa"
last_name = "Tanaka"
print(first_name + " " + last_name)
再生成
日本語

図3　フィードバックの様子

このような挙動を生むプロンプトをつくるには、ちょっとしたコツが存在します。

1. ゴールを明確化する

プロンプト作成の初めに、何を達成したいのか明確なゴールを設定します。

2. 役割を明確化する

ChatGPTが果たすべき役割と、ユーザー（この場合は高校生）が果たす役割を明確にします。

3. ChatGPTの作業をstep by stepで定義する

（ユーザーと）ChatGPTが何をするか、それぞれのステップを具体的に定義します。

4．強めにリアクションする

途中で追加注文をしたり、ChatGPTの成果物に疑問がある場合は、フィードバックを強めにしましょう！

5．前提条件を明記する

プロンプトを使用する前、ゴール達成をより確実なものとするために、必要な状態や理念、疑問、行動選択肢などを明記します。

6．成果の例を示す

プロンプトを通じて得られる成果の具体例を明示します。これによって、その形に近い成果物を推定します。

7．最新情報を検索させてから使う

特定の情報が必要な場合、最新情報を検索させてからプロンプトを使用します。これは、今回の例では割愛していますが、無料のアドオン（Web ChatGPT)などを通じて、ChatGPTにオンライン上から情報をとってくるように仕掛けをつくることができます。

この7つの基本テクニックを用いることで、先生方は授業で必要なサポートをChatGPTに委任することができ、必要な知識や技術の習得機会を生徒に増やすことができます。また、その学習状況をシェアリンクを用いて把握できるようになります。

今後、このような基本テクニックは教育の現場でのＡＩ活用をいっそう促進することが期待されます。

GPT-4の能力とその教育への応用

Open AI社のテクニカルレポートによれば、GPT-4の処理能力はすでに人間の脳に匹敵するレベルに達しつつあるように見えます。レポート内に記載されている調査によれば、GPT-4はアメリカの医師免許と弁護士免許の資格試験に合格するレベルの知能を持つとされます。

「優秀な教員不足」「教育予算が足りない」

このような現状に見える日本において、GPT-4のように高度な知識とスキルを持つツールが教育現場でどのように活用できるかは、最優先検討事項でしょう。

ChatGPTの特徴を加味した授業実践事例

それでは、私が行っている授業の実践事例を紹介します（https://cdn.openai.com/papers/gpt-4.pdf）。

a．プレゼンテーションの授業

生徒のプレゼンテーション実践までの壁打ち役として利用します。

〈作業フロー〉

1．優れたプレゼンテーションの観察と感想の記入
2．感想から、優れたプレゼンテーションの要素をChatGPTで要約
3．生徒自身のプレゼンテーションをGoogleドキュメントで音声入力によりテキスト化
4．2で要約したプロンプトと照らし合わせてChatGPTを用いて自己評価

ChatGPTは、生成された要約やフィードバックに基づき、形成的な評価を効率的に行うことができます。教員が手作業で行うよりも時間的に効率的であり、生徒も参考になるフィードバックを即座に受け取ることができます。

また、この流れのなかで生徒は情報の取捨選択のスキルを自然と身につけます。ChatGPTの返すフィードバックは、適度に曖昧で、参考になる情報とそうでない情報に分かれます。生徒はこれを自分の好みに合わせて取捨選択します。したがって、思ったよりも妄信的にはなりません。これは、ChatGPTをお使いになったことのある先生ならすぐにわかるはずです。

いわゆる生成ＡＩ活用のリスクに「依存的な活用」があがることがありますが、これは私たち教員が依存させないようにすべての準備を提供するのではなく、生徒自身がChatGPTの反応を評価し、自ら適度に参考する能力を獲得していきますので、私はそこまで警戒していません。

b．ChatGPTとアクションカードゲームを組み合わせた批判的能力醸成

金沢工業大学の学生が考案したアクションカードゲームを用いた授業を紹介します。子どもたちがＳＤＧｓに基づいた社会課題が書かれたカードと、解決のためのリソースが記載されているカードを手に、グループで社会課題解決に取り組むゲームです。

田中SA
6月16日（最終編集: 6月16日）

本日のアイスブレイク「リフレーミングでChatGPTを超えろ！！」
1. グループの中でアクションカードゲームでウォーミングアップ
2. chatGPTに以下のプロンプトをコピーして実行

今からChatGPTは「問題解決のプロ」として次の通り作業してください。
------------------------------------ **（これより下をコピー）** ------------------------------------
1) 私は、次のタグ<problem>社会問題</problem>の中に社会問題を書きます。把握してください。
　タグ: <problem>今回解決する社会問題: 再生可能エネルギー発電所を設置した結果、自然の環境が損なわれ始めた。</problem>
2) 次に私は、この社会問題解決に使うことができるリソースを書きます。把握してください。
　リソース:
- スポーツ
- ファッション - ゲーム
- ロボット
- 建築
- VR
- 人工衛星
- 結婚
- シェアサービス
- 農家
3) ChatGPTは次のリソース群から3つのリソースを選び、適切に利用して、上記社会問題を解決するストーリーを記述します。
----
3. ChatGPTが作ったアイディアを、グループで改善してください。
その際、次の観点を考慮してください。
　a) 課題の解決になっているか
　b) 環境・経済・社会の観点から、継続性のあるアイディアになってるか。
　c) 今までにない新しいアイディアか。
4. グループで改善したアイディアを、「一番表現力が高いエリート」が代表で、この投稿のコメント欄で発言してください。

図４　ChatGPT とアクションカードゲームを組み合わせる

図４のような指示を出し、これを逆にChatGPTに提案させ、子どもたちにChatGPTの回答を吟味させるのです。

〈ハルシネーション（誤情報）の対処法〉

通常、ChatGPTが誤情報（ハルシネーション）を生成することは避けた

いとされますが、この授業ではそれを逆手にとりました。

ハルシネーションが一定の確率で発生することを前提にし、その点を生徒たちが吟味する作業につなげています。ChatGPTが出した解決案の実現可能性、持続性、社会環境への影響などを吟味するなかで、ChatGPTの曖昧な回答を返すという特徴と、批判的に情報を吟味する能力を獲得します。

c．プログラミングプロンプトによる形成的評価：教育の新パラダイム

インターネットによる情報の豊富さと即座のアクセスが可能になったことで、知識の取得方法が劇的に変化しています。

そのため、単に「検索して答えを見つける」スキルの重要性は減少し、問題解決力や創造力がより重視されるようになっています。

たとえば、プログラミングを学習する授業において、ChatGPTは教科書レベルのコードではハルシネーションを起こすことは少ないといえます。エラーが起きないコードをいきなり子どもたちに教えてくれます。これだけでは、生徒たちが、いわゆるプログラミング的思考能力を獲得できません。

そこで、私は図5のようなプロンプトを開発しました。

このプログラミングサポートプロンプトは、ユーザー（この文脈では高校生）が実施したい

プログラミングの内容を事前に指定し、その後ChatGPTがその指定に基づいてプログラムを生成します。

プログラミング初学者の生徒は、最初に何を聞いていいかもわからないのです。

このサポートプロンプトは、それを聞き出しながら、解答例に誘導してくれます。ただ解答例を出すだけではなく、生徒がつくったコードを貼るように聞いてきます。生徒に必ずコードを書かせて、そのなかで間違えていることをフィードバックするように仕組み化しています。

- [ ] 高校生である私のプログラミングサポートをするウィザードとして、以下の指示を1つずつstep by stepで実行してください。
- [ ] 1. 私はプログラミングの基本事項、変数定義や条件分岐、繰り返し処理やクラスなどの概念が曖昧であることを考慮して。
- [ ] 2. 私に今回相談したいプログラミングの言語は何か尋ねる。
- [ ] 3. 私に今回作成したいプログラムの条件を尋ねる。この時にコードブロックにプログラムを書かない.
- [ ] 4. 私が曖昧な要件を出してきたら、私が試しに作ろうとしているコードの条件をさらに詳細に尋ねる。この時にコードブロックにプログラムを書かない。
- [ ] 5. 私に実際に書いてみたコードを貼らせる。
- [ ] 6. 出てきたエラーメッセージを貼らせる。
- [ ] 7. 改善すべき箇所を伝え、関係している技術やプログラミング知識を、学生でもわかりやすい簡単な言葉で知らせる。
- [ ] 8. 私に問題は解決しましたか？と尋ねる。
- [ ] 8で解決した場合は、今回の問題と似たような問題でテストを作成し、私に出題してください。8で解決しない場合は以下a、bを繰り返す。
- [ ] 私に他に質問はないか聞き返す。
- [ ] 私の質問に回答する。

図5　プログラミングサポートプロンプト

このプロセスには形成的評価の要素が強く、子どもたちがプログラミング的思考を習得するうえで不可欠です。

今回はプログラミングでこの流れを組みましたが、既存の教育方法に代わる新たなパラダイムとして、このような1ステップの組み込みが今後いっそう重要になるであろうと推測されます。それは、単に「答えを知る」ことを超え、自ら考えエラーを恐れず行動する力を育むためのステップだからです。

＊

以上の点をふまえ、プロンプトエンジニアリングスキルを身につけた先生方は、自分の教科や、業務にとどまることなく、この優秀な人工知能を使いこなすことができます。

ぜひ、多くの先生方に、プロンプトエンジニアリングを学んでいただき、豊富な教育機会を子どもたちに届けたいと思います。

校務DX編

校務をデジタル化するとこう変わる!

水谷　年孝（愛知県春日井市教育委員会教育研究所教育DX推進専門官）

校務の情報化の目的は、日常の業務を効率化し、教職員の負担を軽減し、教育全体の質を向上させることです。情報化によって、煩雑な手続きや書類作成の時間を削減し、教職員が本来の教育活動に集中できる環境を整えることをめざしています。また、情報の共有や連絡手段の改善により、教職員間はもちろん、保護者とも円滑なコミュニケーションを促進し、教育現場全体の連携を強化することも重要な目的です。さらに、得られるデータを利活用して、児童・生徒にきめ細かい支援をしたり、授業はもちろん、学校経営の改善をしたりすることまで視野に入れています。

さて、GIGAスクール環境の整備がスタートして3年が経過し、みなさんの地域・学校では、先生方からどのような声が出ているでしょうか。

授業での変化のことだけでなく、たとえば「情報共有がとても簡単にできるようになった」「アンケート集計作業が格段と楽になった」「校務の負担軽減と会議の時間短縮につながっている」「職員会議などでの資料の提示が効率よく行えるようになった」「動画を見て学ぶ機会が増えた」といった声が出ていれば、校務ＤＸが進み始めていると考えられます。

先日、ある自治体の研修で「管理職もがんばっているし、研修もがんばっているし、端末もよく使うように促しているのに、学校が変わらないのは、なぜでしょうか」といった質問を受けました。みなさんは、この質問者にどのように回答するでしょうか。別の研修の機会に、この質問への回答を参加者に考えてもらったところ、次のような意見が出されました。

・学校全体としてＩＣＴを活用する意識が低く、ＩＣＴの恩恵や効果、子どもの未来像を共有できていない。
・ＩＣＴのメリットを実体験しておらず、機器操作やトラブルへの不安がある。
・教育観や授業のあり方が変わっておらず、一斉型の授業にＩＣＴが加わっただけと感じる教師が多い。
・組織全体でのＩＣＴ活用のビジョンや共通理解が不足しており、連携がうまく図れていない。
・情報共有や連携の仕組みについて理解が不足している。

やはり、目の前の小さな活用をなんとか進めようとしているだけで、全体像の共有が不足しており、何よりもクラウド活用の体験不足が大きいのではないかと考えられます。さらに、授業、校務、研修の関係性をどのように捉えているのかも大きなポイントです。

ところで、コロナ禍で、この数年間は授業公開を以前のように行うことができませんでした。この期間に、ＧＩＧＡ環境活用の授業が進みましたが、このような状況であったので、保護者に授業が変わってきたことをきちんと伝えることができていませんでした。そこで、最近では、端末とクラウドを活用した授業について説明をしたり、実際に児童・生徒と同じような授業体験をしてもらったりする機会を設けるようになってきました。このような授業体験に参加した保護者からは、次のような感想が寄せられています。

「授業がわかりやすかったです。全員が授業に参加している様子、先生が特定の子ではなく、瞬時にいい意見を拾って共有する様子に授業の進め方のスピード感を感じました。共同編集作業などは、少し仕事（職場でのコミュニケーション、プロジェクト等の成果物の共有過程）と類似したものを感じました。」

これは、日々の業務でクラウドを活用している方から見た率直な感想と考えられます。

このように、授業での活用と校務での活用、さらに、研修での活用も同じようなもの、つまりは相似形であることを理解し、同じ環境をフル活用して、教職員が活用体験を重ねていくことがたいへん重要です。

愛知県春日井市での校務ＤＸの現状

私が勤務する愛知県春日井市では、授業でのＩＣＴ活用を本格化する以前の１９９９年から校務の情報化に取り組んできました。「ＩＣＴは便利なものだと実感しないと、授業活用はなかなか進まない」との助言から、まずは校務での活用からスタートしました。その後、統合型校務支援システムの導入を進め、教職員間での情報共有や資料共有がスムーズに行われるようになりました。さらに、教員のＩＣＴ活用スキルの向上にもつながりました。

ＧＩＧＡスクール環境が整備された際にも、校務の情報化を始めたときと同じように、まずは新しい環境を校務で活用して、その便利さを実感することから始めました。このことが、その後の授業活用推進の重要なポイントとなりました。具体的には、情報共有や意見集約、資料共有にクラウド環境を使う取り組みを始め、これにより情報の一元管理や迅速な情報伝達が可能となり、業務の効率化が図られました。

具体的な校務ＤＸ事例

(1) クラウドを活用した同時双方向の情報共有

２０２０年3月の臨時休校時、校長間の情報共有にGoogleスプレッドシート（図1）を活用したことが、初めての校務活用でした。複数人で同時に編集でき、迅速に情報共有できること、インターネットに接続できる環境があればどこでも利用できること、さらに、比較的簡単に操作できることから、メールでは対応しきれない量の質問や迅速な対応が求められていた当時、集約を待たずに判断材料として活用することができ、非常に有効な活用でした。

さらに、校長たちがこの仕組みを体験したことは、非常に大きな意味があり、各校での同様の場面での活用につながりました。各校でも同様に教職員同士の意見交換や情報共有が進んでいるとともに、各種組織での学校間の情報共有にもフル活用されています。

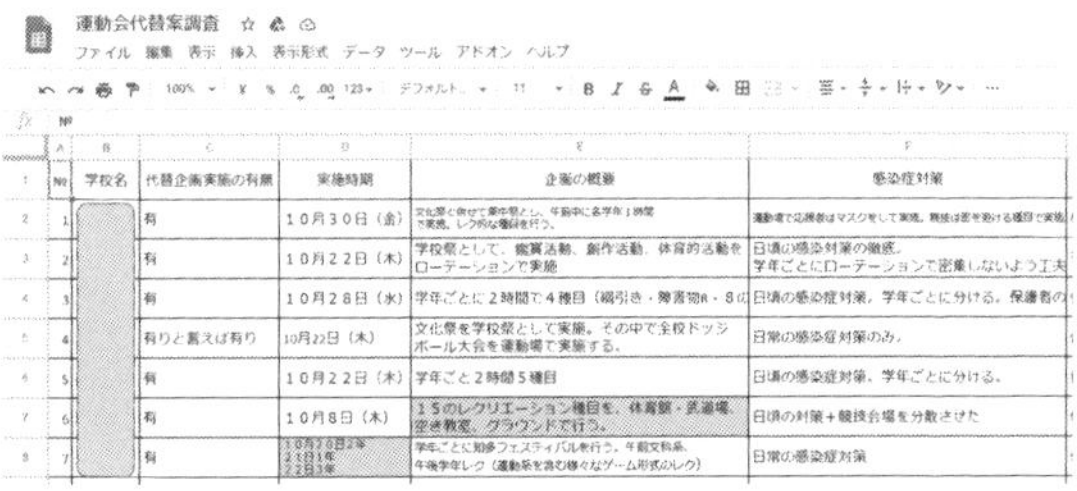

運動会代替案調査

№	学校名	代替企画実施の有無	実施時期	企画の概要	感染症対策
1		有	10月30日（金）	文化祭と併せて運動会とし、午前中に各学年1時間で実施。レク的な種目を行う。	運動場で応援者はマスクをして実施。競技は密を避ける種目で実施
2		有	10月22日（木）	学校祭として、鑑賞活動、創作活動、体育的活動をローテーションで実施	日頃の感染対策の徹底。学年ごとにローテーションで密集しないよう工夫
3		有	10月28日（水）	学年ごとに2時間で4種目（綱引き・障害物A・Bの	日頃の感染症対策，学年ごとに分ける。保護者の
4		有りと言えば有り	10月22日（木）	文化祭を学校祭として実施。その中で全校ドッジボール大会を運動場で実施する。	日常の感染症対策のみ。
5		有	10月22日（木）	学年ごと2時間5種目	日頃の感染症対策，学年ごとに分ける。
6		有	10月8日（木）	15のレクリエーション種目を、体育館・武道場、空き教室、グラウンドで行う。	日頃の対策＋競技会場を分散させた
7		有	10月20日2年 21日1年 22日3年	学年ごとに知多フェスティバルを行う。午前文科系、午後学年レク（運動系を含む様々なゲーム形式のレク）	日常の感染症対策

図1　Googleスプレッドシートでの情報共有例

(2) Chatによる情報共有

メールによる連絡は、依然として必要ではありますが、Chatは、手軽に利用できる、伝えたいことを容易に伝えられる、セキュリティが強化されているなどのメリットがあるため、効率的なコミュニケーションを実現するためによく活用されるようになりました。現在では、校内だけでなく、学校間を越え、いろいろな組織や教科ごとのChatも立ち上がり、実践報告や情報共有、連絡の手段として活用が進んでいます。さらに、教職員間だけでなく授業中の児童・生徒との情報共有にも活用されるようになりました。

また、校内での授業実践事例の共有にChatを活用することも、とても有効です（図2）。従来は、実践の様子を資料にまとめて紙媒体で配付したり、ファイルサーバーでデータを共有したりする方法が取られていました。しかし、Chatを使うことで、容易に共有できるようになりました。また、コメントを気軽に送り合うことも可能になったほか、簡易の実践事例集としても活用できるようになりました。

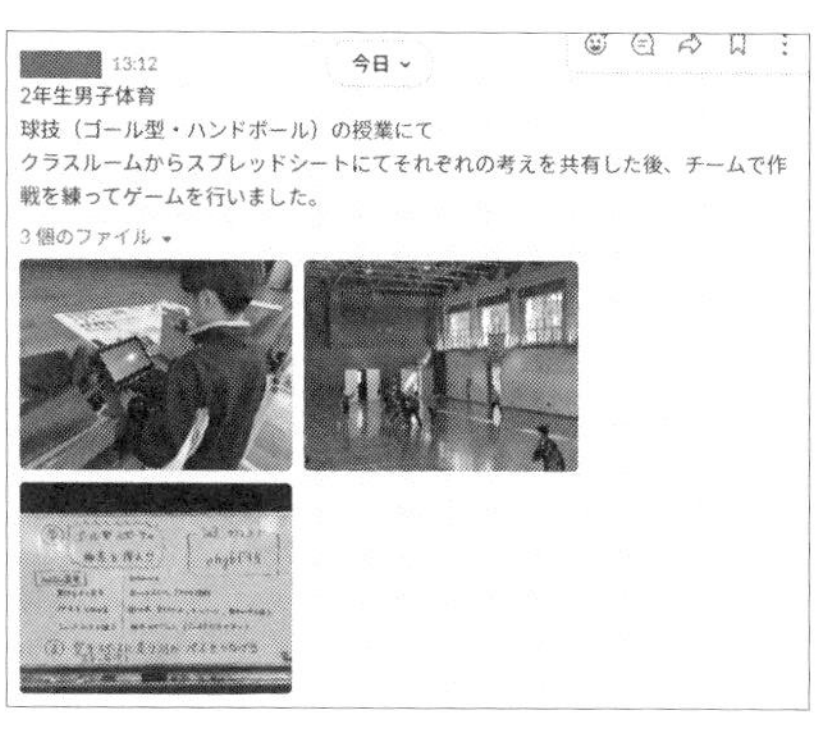

図2　Chatでの実践事例共有例

(3) 会議・研修資料、児童・生徒への配付物などの共有

従来は、校務支援システムやファイルサーバーで共有してきた職員会議・学年会議・校内研修の資料は、最近ではすべてGoogle Classroom（以下、「Classroom」）で共有するように変わりました。クラウド環境を使える場所であれば、どこでも情報にアクセスできること、さらに、必要なメンバーだけに共有できることからセキュリティも向上しています。さらに、これまで紙配付だった児童・生徒への資料配付もClassroomを活用して共有するようになり、印刷

配付の負担が軽減されるとともに、経費削減にもつながっています。

(4) 研修での活用

前述のとおり、Classroomを活用して研修資料を共有することで、空き時間や隙間時間で各自が学ぶことができる非同期型のオンライン研修を実施するようになりました。教職員は、クラウド環境にアクセスできれば、いつでもどこでも効率的に研修を受講することが可能です。また、対面の研修でもClassroomを活用した研修を実施しています（図3）。この研修では、教師も生徒と同じ環境で学びを進めます。教室に集まり、事前にClassroom内に用意された資料や動画を見ながら各自学習を進め、途中、随時Chatで情報交換を行い、最後には自身の学びをディスカッションして、情報共有を進めていきます。この研修は、教師の学びと子どもたちの学びが相似形であることをふまえて実施しており、教師が子どもたちと同じ環境で学ぶことで、子どもたちの学びをより深く理解できるようになると考えています。今後も、各校の

研修のながれ

・9月8日（最終編集 9月15日）

【目標】
自分の授業や学級経営にいかせることを学びとろう
【事前準備】
・自分の授業や学級経営にいかすために、どんな目的で授業を参観するのか、自分のめあてを決める
※　自分の授業や学級経営にはどんな課題があるかをもとにする
・決めた目的を意識しながら、指導案集を読む
【オリエンテーション】13:00
授業参観の事前説明をきく
どんな目的で授業を参観するのか決めてきたことを、伝え合う
自分の課題をジャムボードの自分のシードに書く
【授業参観】13:35
授業を参観する
比べながらみる・・・・・・ex 発問の前と後、手立ての前と後の児童の様子　自分の対応と授業者の対応
多面的・多角的にみる・・・ex 子どもの立場で　教師の立場で
学習規律の面で　ICT活用の面で　日常の学級経営の面で
個の学びの面で　単元構成の面で
気づいたことはメモしよう　「なぜ？」とはてなをもちながら参観しよう
【協議会】14:30
授業をみて、「おっ！」と思ったことを短くふせんにメモする
メモしたことを整理する
・どんな手立てが、どんな効果があったのか？
・自分の授業にいかせそうなことは？
参加者同士でお互いの意見を伝え合う
まとめを書く
【全体会】15:10
講演から理論も学ぼう・・・「おっ！」と思ったことにはこんな理由があったのか！
【ふりかえり（事後課題）】
学んだことを自分の言葉でまとめよう

中参観20230915
Google Jamboard

全体会20230915
Google Jamboard

図3　研修でのGoogle Classroom活用例

研修だけでなく、教育委員会の研修も、できるだけ同じようなスタイルで進めていくことで教職員のスキルアップと授業の質の向上を図っていきます。

(5) その他の活用事例

このほかに、行事予定のGoogleカレンダーでの共有やGoogleフォームを活用したアンケートなど、さまざまな活用が進んでいます。アンケートについては、単純な集計だけでなく、最近では生成ＡＩの活用により、自由記述の分析も効率化・省力化が進んでいます。

また、保護者との連携でも、これまでは紙媒体の配付物の一斉配信、欠席連絡での活用や各種保護者説明会のオンライン開催やオンデマンド配信なども日常的に行われています。さらに、調査用紙の配付・回収・集計作業は、日常的によく行われるものです。この一連の作業を図４のようなフォームを活用することで大きく改善することができています。この個人懇談希望調査では、保護者がスマホなどから回答し、自動的に集計されるため、「印刷・配付・回収・集計」の手間と時間を大幅に短縮することができています。

なお、行政との情報共有でもクラウドを活用し

個人懇談日程希望アンケート（11月10日締切）

2学期末の個人懇談の日程アンケートです。11月10日までにご回答をお願いします。

お子様の学級

お子様のお名前をフルネームでお答えください

回答を入力

希望の日にち・時間帯にチェックを入れてください。
右にスクロールするとすべての項目をご覧いただけます。

	何時でもよい	14:20~15:00	15:00~15:30	15:30~16:00	16:00~16:30
どの日でもよい	☐	☐	☐	☐	☐
12月1日(火)	☐	☐	☐	☐	☐
12月2日(水)	☐	☐	☐	☐	☐

図４　フォームを活用した調査

ています。たとえば、大雨の後、通学路で冠水した場所を報告するのに、Googleマップに写真を貼り付け、URLを市教委へ送信します。市教委はURLを道路課へ転送するだけで、スピーディな情報伝達を実現することができています。

校務DXと働き方改革

ここまで説明したように、GIGA環境整備後の3年間で、校務の情報化は大きく変化しました。かなりの部分はクラウド活用に移行しましたが、機微な情報だけは、従来どおりに校務支援システムを活用しています。この変化をまとめると**図5**のようになります。

このような変化について、活用開始後約1年経過した2022年1月に実施した前任校の高森台中学校での教職員へのアンケートでは、クラウド活用へ移行したほとんどの項目で「便利になった」と回答しています（**図6**）。同時期に市内全小・中学校に実施した調査では、校務処理の負担が2～3割程度減ったという回答が多くあり、確実に負担軽減につながっています（**図7**）。

一方で、現状ではいくつかの問題点があげられています。校

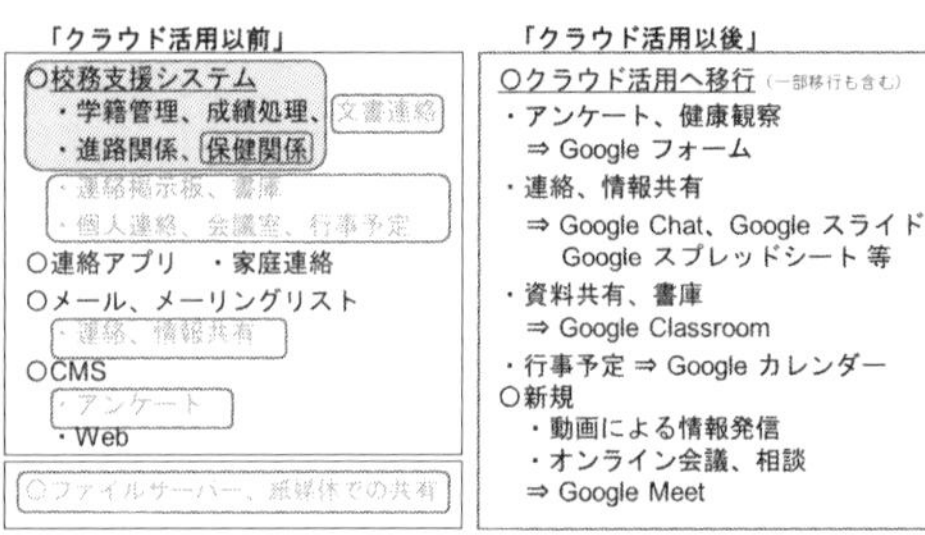

図5　クラウド活用による校務の情報化の変化

務支援システムとクラウドの両方の確認作業が必要なこと、連絡手段の使い分けが複雑であるなどの課題があります。今後は、システムを統一し、クラウド活用を前提とした次世代校務支援システムを改善していく必要があります。この点に関しては、２０２３年３月に文科省のＧＩＧＡスクール構想の下での校務の情報化に関する専門家会議がまとめた「ＧＩＧＡスクール構想の下での校務ＤＸについて～教職員の働きやすさと教育活動の一層の高度化を目指して～」を参照してください。

さて、文科省は２０２３年９月に「『教師を取り巻く環境整備について緊急的に取り組むべき施策（提言）』を踏まえた取組の徹底等について」といった通知を発出しました。

この通知の「1．学校・教師が担う業務の適正化の一層の推進について　(3)ＩＣＴの活用による校務効率化の推進」では「汎用のクラウドツールを活用した教職員間での情報交換の励行や会議資料のペーパーレス化、

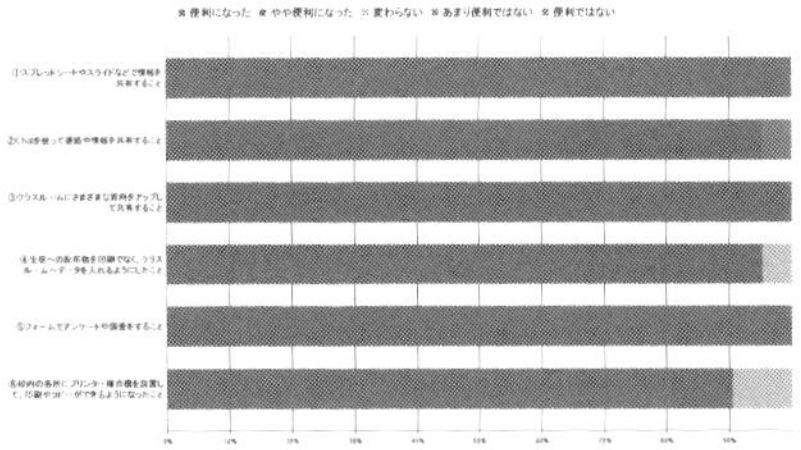

図６　高森台中教職員の活用評価

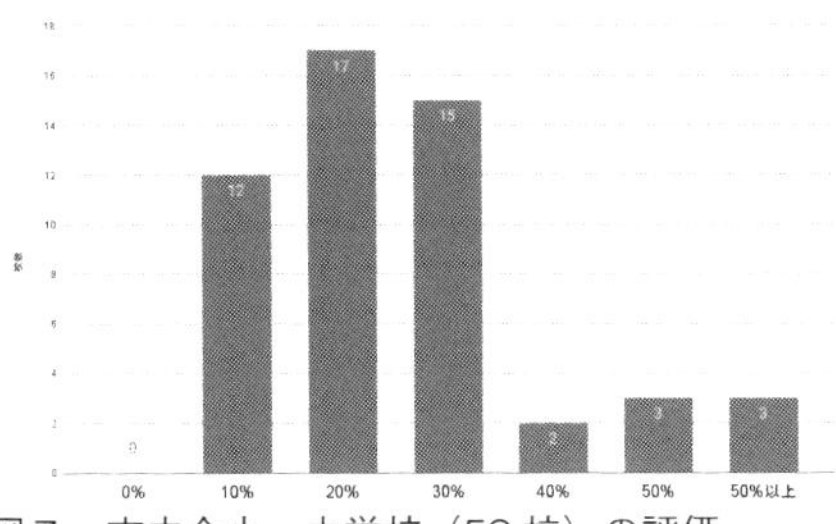

図７　市内全小・中学校（52校）の評価
校務処理の負担軽減程度

民間企業向けクラウドツールの転用による校務処理の負担軽減を図るとともに、スケジュール管理のオンライン化や、学校と保護者等間の連絡手段を原則としてデジタル化するなどの取組を進めること。」とあり、ここまで紹介してきた活用が推奨されています。

なお、ここまで紹介してきた事例以外に文科省「全国の学校における働き方改革事例集」には、多くの事例が掲載されています。しかも、その手順の詳細もわかりやすく解説されているので、参考にしてぜひ取り組んでみてください。さらに、文科省が2023年9月末に公表した「GIGAスクール構想の下での校務DX化チェックリスト」を活用して現状を自己点検し、段階的に校務DXを推進していくとよいでしょう。

＊

このように、春日井市では、GIGAスクール環境を活用した校務の情報化と働き方改革を両立させる取り組みを進めることにより、教職員の業務効率化や情報共有の促進が図られ、負担軽減やワークライフバランスの向上が図られています。さらに、このなかでICT活用スキルを磨くとともに、授業活用のイメージをつかみ、結果的に授業の質の向上が図られています。

各自治体でこのような活用を進めるためには、教職員自身がクラウドの利便性を体感し、積極的に活用することが重要です。さらに、クラウドをフル活用できる環境の整備や教職員のICT活用スキルの向上にも取り組む必要があります。また、情報共有や連絡手段の改善だけでなく、教育現場の業務全体の効率化や負担軽減にも取り組むことが求められます。

校務ＤＸ編【事例】埼玉県戸田市

「教育総合データベース」の構築と活用

山本　典明（埼玉県戸田市教育委員会教育政策室教育政策担当指導主事）

「教育総合データベース」の実現によりめざす子ども支援

本市では教育委員会が中心となり、「教育総合データベース」の構築とその活用を目指しています。「教育総合データベース」とは、教育分野を軸としますが、教育委員会だけではなく市長部局が保有するデータの一部も含めて、子どもに関するデータを集約・蓄積するものです。

そもそもデータベースとは、決まったフォーマットで整理（構造化）されたデータの集まりのことで、データの抽出や編集、共有をしやすくすることが主な機能となります。子どもに関するデータがデータベースに集積されることで、扱いやすく、必要なときに必要なデータを必要な形で取り出せるようになるのです。

本市としては教育長の旗振りもあり、ＧＩＧＡスクール構想以前から、データベースを構築し、その機能を活用することで、以下の４点を実現したいという構想がありました。

①誰一人取り残されない、子どもたち一人一人に応じた支援の実現（子どもたちのＳＯＳの早期発見・支援等）

②ＥＢＰＭ（ＥＩＰＰ）の推進（行政課題特定の精緻化や施策の効果測定等）

③新たな知見の創出（匠の技の可視化、学校カルテによる学校現場へのフィードバック等）

④関係機関の連携促進（教育委員会と福祉部局等との連携等）

この構想は、ＧＩＧＡスクール構想により1人1台端末が整備されたことと、２０２２年度のデジタル庁「こどもに関する各種データの連携による支援実証事業」に本市が応募し、採択されたことで実現に向けた一歩を踏み出すこととなりました。

実証事業においては、とくにユースケース（※ここでは、実際の運用や活用を想定した実証事例のこと）として「不登校のＳＯＳの早期発見・支援」「貧困・虐待等の困難を有する子どもへの支援」「学校カルテによる現場への継続的改善のためのフィードバック」の3点をあげており、このユースケースの検証は、２０２３年度のこども家庭庁「こどもデータ連携実証事業」に引き継がれ、継続して行っています。

ユースケースの検証に見る現状と課題

以下、それぞれのユースケースの検証内容について、概要と現状、今後の課題についてまとめます。

(1) 不登校のSOSの早期発見・支援

分析結果も含めてデータを一元的にチェックできる環境を整え、さまざまなデータを組み合わせて分析することで、今後の不登校傾向の発現を予測できないか、早めにフォローすべき子どもを発見できないか、そして学校等でのプッシュ型支援につなげられないか、そういったことをねらいとしています。たとえば、11月に不登校（または傾向）が発現した子どもがいたとしたら、それが顕在化する前の４月から10月までの生活状況や各種調査、アンケート等で、何か特徴や変化がみられるのではないか、ということです。

このユースケースに関しては２０２２年度中の実証において、土台となるデータベースシステムの構築や、一定程度の予測精度をもったモデルの構築、データを活用した学校現場における子どもの支援などを行いました。データベースの活用と子どもへの支援について、データベースシステムはネットワーク間およびシステム間の連携に課題が残り、直接学校に利用してもらうまでには至らなかったため、データベースから出力したデータをもとに市教育委員会で作成したダッシュボードをモデル校に利用してもらいました。学校はこのダッシュボードを用いて、教師による日常の観察から支援が必要と思われる子どものデータを確認したり、逆に基準となるデータの条件を満たす子どもを確認したりして支援対象の子どもを抽出しました。その後、対象の子どもには担任による声かけ等の支援を行い、観察と記録によって変化や兆候を見取っていきました。

このユースケースにおいて、データベースを構築し、データを集約したりダッシュボード等で一覧化したりすることの成果やメリットをいくつかあげると、まずは「データが教師の見取りを補強・補完できることが実際にわかった」という点です。教師目線で普段から支援が必要と考えられる子どもに関しては、データでもそれを裏づけるような結果であるケースが多かったですし、逆に普段はとくに問題を感じていなくても、データをもとに観察や声かけを増やしていくことで、自己表現が苦手で周囲とのコミュニケーションに不安を感じていた子どもがいたこともわかりました。この子どもについては、教師が積極的に声かけをするようになって初めて、授業中に自発的な発表をするようになったというケースも見られています。

また、データが集約されていると確認や分析のハードルが下がり、「データを見ながら子どもについての話を深めていくという対応がとりやすくなった」という点も成果としてあげられます。教師のデータ利活用が進みにくいのは、そのための環境が整っていないのも大きな要因の一つと考えられます。分散して保存されている複数のデータを並べて確認する、という作業は学校の今の環境では非常に時間がかかることであり、子どもを支援するという目的達成のための手段として考えたとき、費用対効果が小さく感じてしまうのも無理はありません。

さらに、観察や支援を行った記録を一元的に管理できるという点は大きなメリットであると思われます。こういった記録や生徒指導等に関する記録は教師がそれぞれのやり方で行い、個別に保存しているため、管理職やそのほか組織内での共有がむずかしいケースが多いように思います。何か記録を残す事案が発生した場合、担当の教師が初期対応を決めることになりますが、こういった記録が共有されやすくなっていると、管理職やベテランの教師の判断も加えやすいため組織的な対応がとりやすく、初動が遅れにくくなるはずです。また、支援の記録を蓄積していけば、教職員の顔ぶれが変わったとしても、その記録を参照して持続的かつ一定水準の支援が可能になるでしょう。

一方で、たとえシステムが整ったとしても、支援が必要な子どもほどデータが得にくい実態を考慮した仕組みを検討することや、不登校傾向が見られた場合の組織的な初期対応の仕組みを検討すること、またこれらの仕組みの改善サイクルをどのように回していくかなどは、課題として検証を進めていくべきと思われます。

続いて、このユースケースにおける不登校の予測モデルについてですが、現時点で構築されたものは一定程度の予測精度はありますが、学校現場での実運用に耐えられるほどのものにはまだなっていません。予測結果の実際の活用方法や、予測精度向上のためのデータ取得のあり方、およびサンプル数増加など、課題がまだまだ多いという状況です。どのようなデータ項目が精度向上に重要なのかという要因分析も含めてモデルの精度を高めていく必要があり、2023年度はデータの種類や質を高めて機械学習モデルの再構築を進めています。

(2) 貧困・虐待等の困難を有する子どもへの支援

これは、データベースの「共有がしやすい」という機能を生かそうとしたユースケースで、たとえばデータベースの情報や分析結果によってフォローすべきと判定された子どもがいて、さらにその要因が家庭的なものだった場合、その情報を、実際に支援を行う部局にタイムリーに共有できたら、支援の幅が広がったり、支援の漏れを起こしにくくしたりできるのではないだろうか、ということです。

これについては、現時点でフォロー対象を選定するための分析が十分にできておらず、かつ支援を直接所掌するのが別部署であるため、実証についてはこれからというところです。現時点での課題をあげると、分析結果の精度をどれだけ高められるかという点では先述のユースケースにおけるモデル構築と同様ではありますが、家庭的な要因に関連するデータをどこまで利用できるか、といった使用するデータ項目についての踏み込んだ議論も必要になってきます。現在利用しているデータで事足りるのか、そうでない場合に新しく利用するデータは、取得や利用方法が個人情報保護法を遵守できているか、など検討すべき事項は多くあります。そして、フォロー対象と判定された子どもが出てくれば、当然行政としてフォローすべきですから、その対応を既存のスキームにどのように加えていくか、市長部局も巻き込んで自治体としてのプッシュ型支援のあり方を検討する必要があります。

(3) 学校カルテによる現場への継続的改善のためのフィードバック

困難な状況にもかかわらず学力等を向上させている学校（いわゆる効果のある学校：Effective School）に共通の特徴や傾向を分析することにより、学校全体や学年、学級単位での強みや弱みを理解可能な「学校カルテ」としてデータベース上で表示できれば、学校経営の継続的な改善のための学校へのフィードバックに活用できるのではないか、ということをねらいとしたものです。

こちらも、ほかのユースケースと同様に、システム上のインターフェースを整備するところまでは進んでいませんが、本市として活用を進めている項目を中心に、学校や学年、学級ごとにデータを集計し、学校管理職に共有することで試験的にその効果を検証しています。学校訪問時にこのデータを利用して学校管理職と協議し、データに基づいた課題の把握や改善策の検討に生かしてもらいました。この取り組みにより多角的な視点でデータを捉え、子ども目線で学校の取り組みをふり返ってもらいたいというメッセージを学校に伝えるとともに、学校経営や継続的な授業改善にデータを生かす風土づくりを進めました。学校管理職とデータを用いた協議ができ、その有用性や課題について考えるきっかけになったことは意義があると思われます。

学校カルテとしてのデータベース利用については、いまだに統計的な処理等、精緻な分析を行えておらず、システムにインターフェースを構築できていないため、仕組みを構築するうえでの課題が残っていますが、それに加えて、活用を想定した際の課題も学校管理職へのヒアリングで明らかになっています。たとえば、教職員のデータ利活用能力（データリテラシー）が不十分である点、データを教育活動や学校経営に生かす実践が蓄積されていない点などのソフト面での課題です。これはこのユースケースに限らず、学校現場でのデータ利活用を進めるうえでは避けて通れない課題になるでしょう。

持続可能なデータベースの仕組みの構築を

ここまで、教育総合データベースに関連するユースケースの現状や課題をまとめてきましたが、課題は山積しており、新たな挑戦をするごとに新たな課題が生じるといった、道なき道や獣道を切り拓いている状況です。ただ、言うは易く行うは難し、とはまさにこのことで、そもそも「データの集積」自体が、教育行政においては非常にむずかしいことであるということは申し添えておきたいと思います。

それは、これまでの学校教育の運営システムそのものに、データを利活用するという発想が十分に組み込まれてこなかったことに起因します。実際に、子どもに関するデータの多くは学校、ひいては教育委員会が保有していますが、そのほとんどがほかのデータと組み合わせて活用することを想定されていません。そのため、校務支援システムなどすでにシステムが導入されている領域以外の各種データは、少なくとも三～四つの工程を踏まないとほかのデータと連携して活用できる形にはならず、子どもに関するデータの横断的な活用は非常にハードルが高いのです（しかもシステムが導入されていても、必ずしも連携しやすいとは言えません）。さらに、継続してデータベースを活用していくことを考えると、時間経過で新たに得られるデータをさらに蓄積していく必要もあり、主に時間的・人的コストの観点で、持続可能な仕組みの構築は非常にむずかしいものになってきます。

だからこそ、データベース構築の事業は、単に一つのシステムにデータを集めればそれでよい、というわけではなく、データ取得の方法からエンドユーザーの活用方法、そしてシステム間連携のあり方まで包括的に検討・整理し、自治体あるいは学校運営システムのなかに持続可能な形で位置づける必要があります。これはまさに学校ＤＸそのものであり、学校運営システムの改革が求められる事業なのです。本市でもまだまだ前途は多難ですが、学校ＤＸを進めるのだという気概をもって、改革に取り組んでいきたいと思います。

校務DX編 【事例】東京都渋谷区

教育ダッシュボードの利活用

清水　雄一（東京都渋谷区教育委員会事務局教育指導課指導主事）

はじめに――データ活用を経験と勘を超えた指導・支援につなげる

「スポ根だけの時代は終わった」。ロンドンオリンピック女子バレーボールで日本が28年ぶりのメダルを獲得しました。その要因の一つにデータ活用があります。たとえば、「スパイク決定率」「サーブレシーブ成功率」「相手エースのスパイクはどの方向からどの方向へ打つことが多いのか」「拮抗した場面でどの方向からどの方向へ打つことが多いのか」等があります。試合中、無意識に現れる選手の動きをデータ化し、1台の端末で見られるようにすることで、傾向がわかり、戦略が立てられます。その結果が1点、一つの勝利、28年ぶりのメダル獲得へとつながりました。最近では、プロサッカーの試合で選手にGPSをつけて、移動距離や走行スピード等、データをもとに戦術を変えるなど、スポーツ界ではデータの利活用が必要不可欠となっています。教育界ではどうでしょうか。**図1**の会話をごらんください。

上段は、教育ダッシュボードをもとに注目すべき児童を発見できたときのイメージ例です。下段は、児童生徒向けダッシュボードに入力した学習のふり返りについての教員と子どもとのやりとりのイメージ例です。

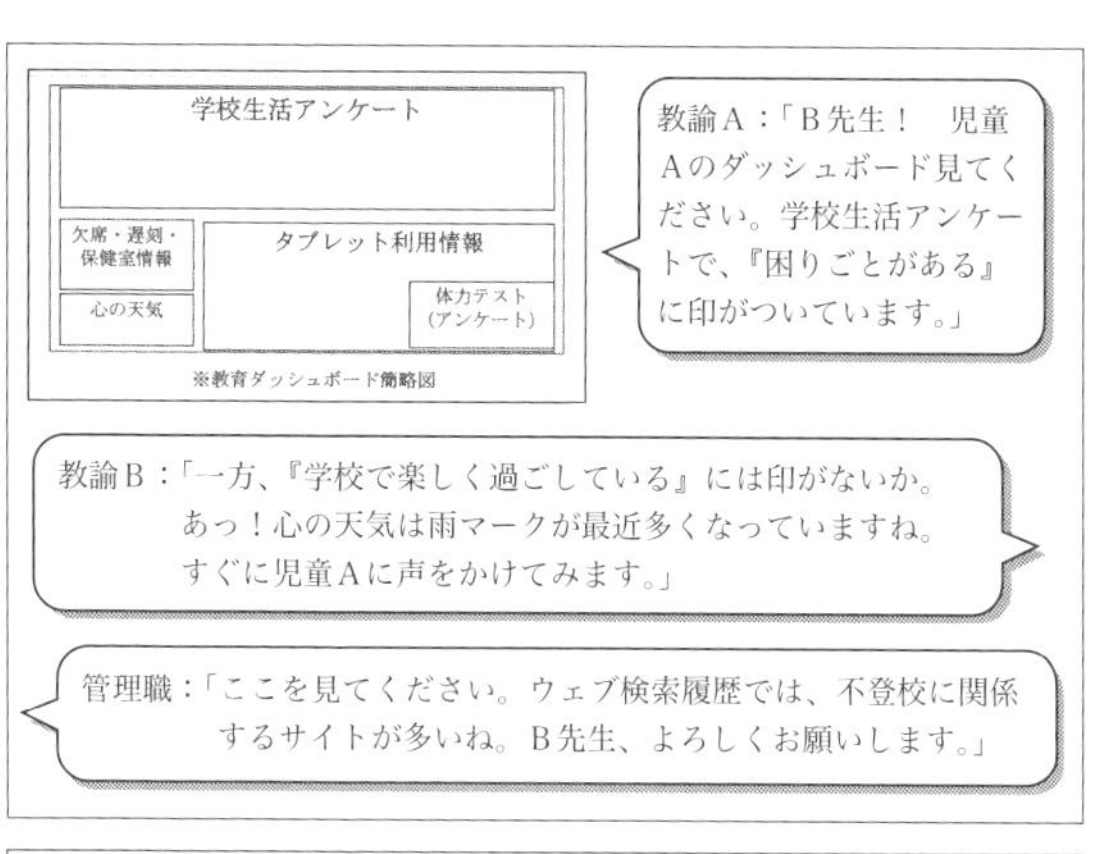

教諭C：「児童Bさん、算数のふり返り見ましたよ。今日の学習の大事なことがちゃんと書けてましたね。授業中に発言してくれた○○の解き方、とても分かりやすく説明できましたね。」

児童B：「わあ、嬉しい。あの解き方はC君と一緒に考えたんです。がんばってよかったわ。」

教諭C：「家でも算数をがんばってるね。学習履歴見てますよ。」

図1　ダッシュボード利用で想定される会話例

今日の渋谷区の学校では、このイメージ例のように、データをもとに教員同士、教員と児童生徒、児童生徒同士でやり取りをしています。教育界もスポーツ界と同様に、もはや長年の経験と教師の勘だけの時代ではありません。

管理職や教員からは、

「データを根拠に子どもの情報を共有し、より組織的な対応につながった」「多数の目により、子どもの不安や悩みの見落としが防げた」など、効果を実感する声が届いています。指導主事としては、教育ダッシュボードを利活用することで、子どもたち一人ひとりの状況を把握しやすくなりました。子どもたちの興味・関心や悩みについて、データを示して学校と情報共有を行えるようになりました。そのことで、個々の状況をふまえた指導・支援につながり、救える子どもの数が増えていると実感しています。本稿では、本区の取り組みについて紹介していきます。

教育ダッシュボード開発の背景

昨今、子どもたちの置かれている環境や、一人ひとりの思いや願いは多様化しています。一方で、これまで学級経営や生活指導は、教員の長年の経験と勘によって行われてきました。しかし、子どもたちの表情の変化や人間関係の変化などに気づき、声かけをして、支援につなげていくという経験や感覚は、若手教員に伝えることがむずかしい面があります。

これらに対応するためには、教員の経験値に依存しない仕組みづくりが必要です。その一つの手段として、本区では教育データを連携させたダッシュボードを構築しました。これまで個別に紙ベースまたはデータから把握していた複数の情報をダッシュボードとして一つの画面で可視化しました。情報の把握・整理・分析が容易になり、校務の効率化が図られるとともに、

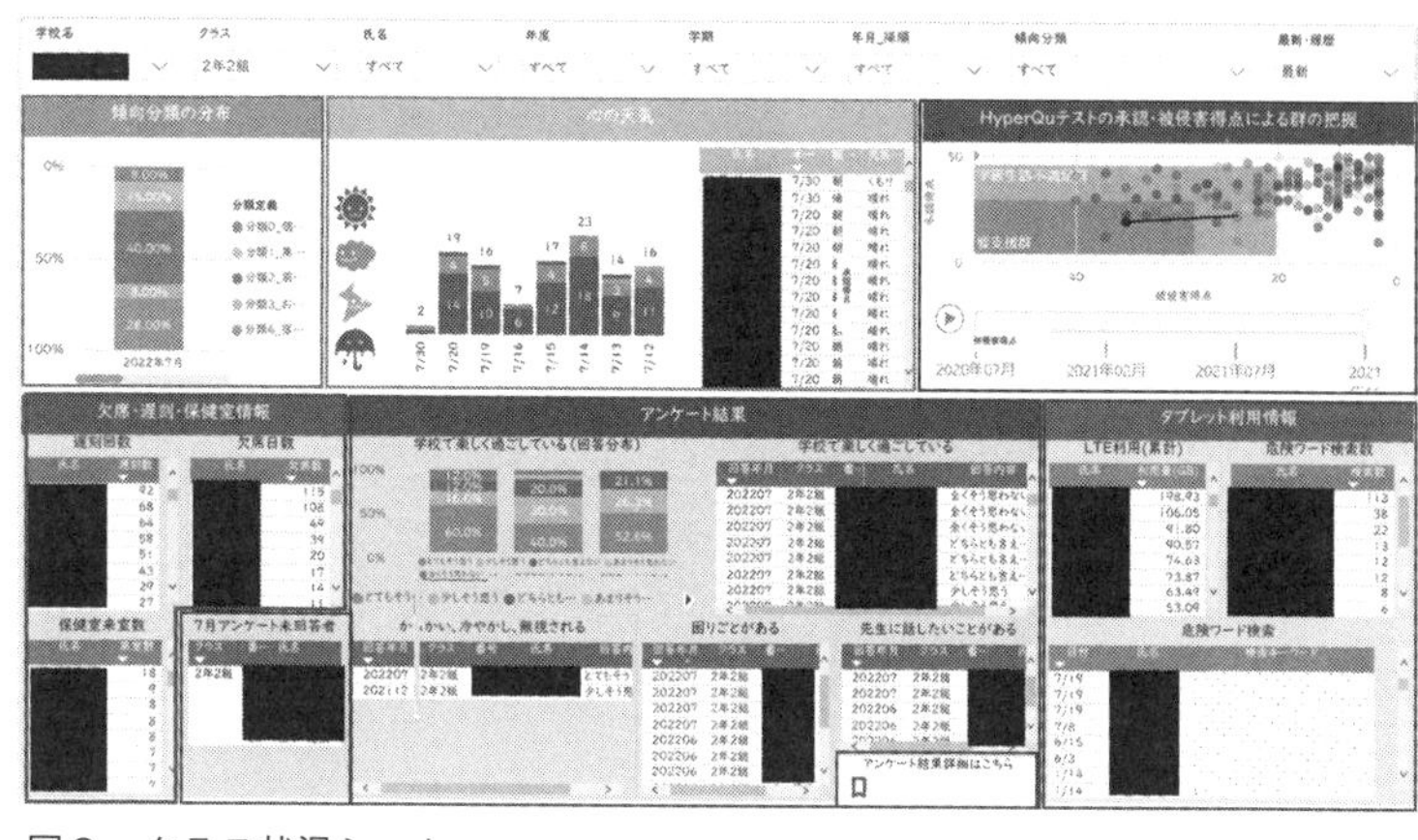

図２　クラス状況シート

データの複合的な組み合わせが可能となりました。これにより、「多面的な視点での気づき」や、「課題をより明確に把握」できるようにし、教員の経験と勘により実現してきた高度な気づきや支援・指導を、教員の経験値にかかわらず実現していくことをねらいとしています。

教育ダッシュボードとは

本区の教育ダッシュボードは、学校全体、学級単位、個人単位の三つのシートに分かれています。ここでは、区内A学校の事例をあげながら教育ダッシュボードについて説明します。**図2**はクラス状況シートです。学校全体について、集団へのかかわり方の傾向、心の天気の回答状況、HyperQUテストの承認・被侵害得点による群の把握、欠席・遅刻・保健室情報、アンケート結果、タブレット利用情報等、異なる発生源のデータを

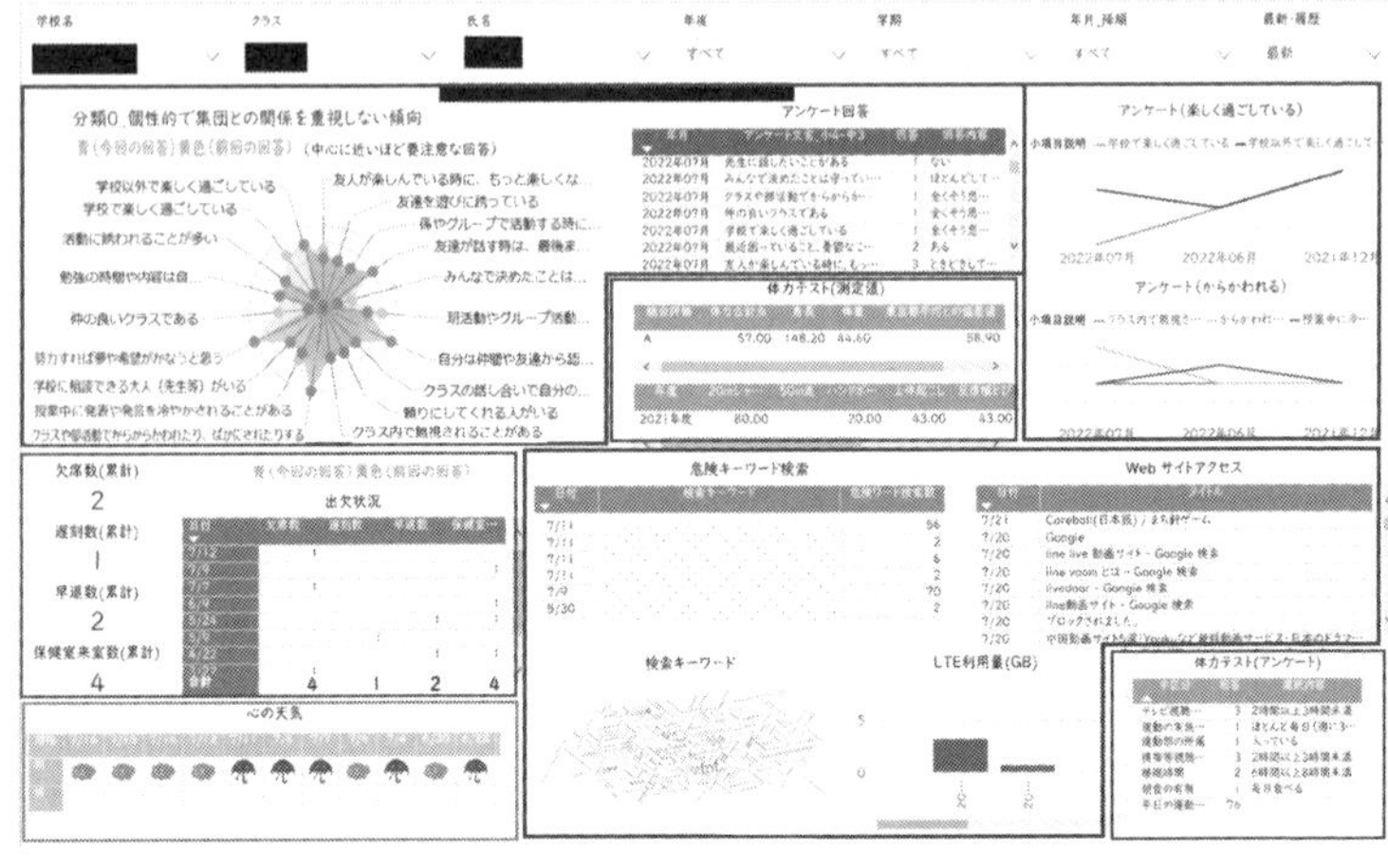

図3　個人状況シート

一つの画面上で組み合わせて一覧できます。別クラスを選択すると、グラフや表が自動的に連動して切り替わります。これにより、多面的な視点による気づきや、課題をより明確に把握することが可能となります。

ある日、A学校の生活指導主任は、このクラス状況シートから、うつ病、自殺等のワードを複数回検索している子どもを見つけ、「何かあったのかな?」と思い、より深く探ることにしました。クラス状況シートの気になる児童名をクリックすると、**図3**のような個人状況シートが表示されます。紙の資料では不可能だった探索的な深堀りができるようになったのです。

個人状況シートのレーダーチャートでは、アンケートの各回答を、前回と比較して表示しています。中央に近いほど、注意が必要な状況なので、中心へ向かって点が移動した場合は要注意です。その他、危険キーワード検索、欠席と保健室来室記録、心の天気、体力テストの結果が表示されています。

先の生活指導主任は、心の天気で雨マークが最近続いていること、学校生活アンケートで「困りごとがある」と回答しつつ、「先生に話したいことがある」とは希望をしていないことを見つけました。データに現れたこのＳＯＳを見逃さず、管理職と担任にすぐに伝えました。担任はただちに子どもと面談し、保護者とも連絡をとり、ことなきを得ました。この学校は、データを根拠に情報を共有し、今まで以上に組織的な支援体制を確立することができたのです。

教育ダッシュボードの利活用に指導主事の果たす役割も大きいです。区内の全学校の情報を俯瞰することができるため、各校の特徴をつかみやすいとも言えます。指導主事がダッシュボード上で気になることを発見した場合、当該校の管理職に伝えると、当該学年に情報が共有され、適切な指導・支援につながります。個々の教員の経験や勘に加えて、データを組み合わせて可視化することで、子どもをこれまで以上に深く理解した支援が可能となります。

学校での利活用に向けての取り組み

教育ダッシュボードが学校で活用されるよう、教育委員会として次の二つの取り組みを行いました。

一つめは校園長研修です。教員に利用のねらいを理解してもらい、実際に活用してもらうために2回の研修を行いました。第1回は、利活用について、講義・体験を行い、宿題として、自校で実践し、次回の研修時に事例を持ち寄ることが課されました。第2回では事例が発表されました。「全教員がダッシュボードを閲覧する時間を確保した」「生活指導主任が毎日ダッシュボードをチェックし、気になる子どもについて担任と共有するようになった」「子どもの検索ワードに気になるものが見られたときは、スクールカウンセラーにつなぐことができるようになった」などの事例が共有され、組織的な対応体制の構築につながりました。

二つめは、指導主事による学校への働きかけです。保護者向けの通知、子ども向けの資料を出しました。子どもたちのSOSにいち早く気づくことができるよう、学校のニーズに応じて、指導主事がダッシュボードの活用について校内研修を行いました。ダッシュボードの活用事例、組織的な対応を行っている学校の事例の紹介等を行い、学校のマネジメント体制の強化の働きかけも行いました。生活指導担当者研修では、毎月、活用事例を共有する時間を設けています。職員夕会や学年会等、教育ダッシュボードの閲覧時間の確保や気になる児童生徒を発見した際の校内支援体制の流れ等について共有しています。

今後の展望（児童生徒向けダッシュボード）

本区では、「個々の子供の良さを認め、認め合うことによる自己存在感と共感的な人間関係を育むこと」「児童生徒が自らの学習の状況を把握し、主体的に学習を最適化することができる力を育むこと」をねらいとして、児童生徒向けダッシュボード「ＨＡＣＨＩアプリ」（学習ＮＥＸＴシート、生活ＮＥＸＴシート）の運用を2023年7月から試行しています。子どもたちは、学びの内容と自己の変容をふり返り、次の問題発見・解決につなぐＢＡＤ　ＮＥＸＴからＧＯＯＤ　ＮＥＸＴへの転換を目指しています。

学習面では、「自己調整」をキーワードにし、「学習の見通しを立てたり学習したことをふり返ったりして、自身の学びや変容を自覚する」「自らの学習を振り返って次の学習に向かう」「学んだことをふり返りながら、新たな学習や生活への意欲につなげたり、将来の生き方を考えたりする」ことをねらいとしています。

生活面では「相互承認」をキーワードにし、「他者の良さや頑張りを承認する体験を通して、自分の気づかなかった良さや可能性も認識する」「他者から承認されてうれしかった、役に立てたというポジティブな感情をもつ体験を、今後は他者のために貢献したいという意欲につなげる」ことをねらいにしています。

教師の役割は、「見取りと支援」であり、児童生徒のふり返りが自己の学びの変容・成長の自覚や次の見通しや課題解決の方向性等につながっているかを見定めて、支援します。

データからの判断がいつも正しいとは限りません。スポーツ界では、データをもとに戦略を練った結果負けてしまったこともたくさんあると言います。教育の場面でも同じことが言えます。

教員がデータをふまえることで子どもたちとの対話の密度は濃くなります。とくに中学校では担任がかかわる時間は限定的なので、ダッシュボードへの期待が大きいです。しかし、データからの判断に偏ることなく、普段から児童生徒一人ひとりの理解に努め、様子をよく観察し、積極的にかかわることが基盤になければなりません。児童生徒にとって、教員が「自分のことを理解してくれている」「困ったときに相談しやすい」と、信頼されるよう努めることが大前提です。本区の掲げる「子供一人一人のWell-Beingの実現」のため、データのよりよい活用方法を模索し続けるとともに、児童生徒理解、情報共有を含めた組織的な対応等が適切にできるよう、渋谷区の小・中学校の教員は学び続けています。

4章

学校ＤＸに進化するために、いまできること

学校全体のDXのため、どう一歩踏み出すか

為田　裕行（フューチャーインスティテュート株式会社代表取締役）

社会全体で課題解決のためのデジタル化施策が進められるなかで、学校にもDXが求められています。学校全体のDXを進めていくためには、全員が同じ情報端末で、同じアプリを使った同じ学びの体験ができる環境が整備されることは非常に重要です。その意味で、GIGAスクール構想によって小学校・中学校に1人1台の情報端末が配備されたことで、学校のDXを進めていくためのスタート地点に、どの学校でも等しく立ったといえるでしょう。

GIGAスクール構想以前は、「どうやって1人1台の情報端末を整備するか」が学校の課題でしたが、これからは「なぜ1人1台の情報端末を使うのか」が学校の課題となります。何のために学校はデジタル化しなくてはならないのか、学校全体で明確な価値づけをして進んでいく必要があります。

学校のデジタル化を進めるために、方向性と現在地を確認するために活用できる「ＧＩＧＡから一歩踏み出すためのチェックリスト」を作成しました。チェックリストの４段階それぞれについて紹介します。

GIGAから一歩踏み出すためのチェックリスト

①デジタルへの価値づけをする

- □ デジタルとは、子どもたちにとってどんなものであるかを考える
- □ 教育ICT利活用の目的を知る
  - 類型1 興味喚起（多様なコンテンツの活用、日常風景と授業の接続など）
  - 類型2 モチベーション喚起（学ぶ環境づくり、先生からのフィードバックなど）
  - 類型3 理解促進（わかりやすい説明、自分で見たいように見られる教材など）
  - 類型4 授業効率化（課題提示、課題提出・課題回収・自動採点など）
  - 類型5 進捗確認・理解度確認（一人ひとりに適した教材の活用と評価など）
  - 類型6 教材拡充（デジタルドリル・学校独自教材・幅広い外部資料の活用など）
  - 類型7 表現手段拡充・思考手段拡充（作文・スライドなど表現手段としての活用、データ分析など思考手段としての活用など）
  - 類型8 情報共有手段の拡充（授業でのクラスメイトとの情報共有、家庭との情報共有など）
  - 類型9 学習環境の拡充（場の制限からの解放、学校外との接続など）
- □ 自分たちの学校で、どの目的を達成することを目指すかを決め、共有する

②先生が教えるツールとしてICTを使う

- □ ICT利活用の目的を明確にし、先生が授業で実践してみる
  - たとえば……
    - 類型3 類型6 教材をプロジェクタで投影する
    - 類型8 授業支援ツールで、教材を配布し、提出してもらう
- □ ICT利活用の目的が達成できたかどうかを評価する
- □ ICT利活用の目的が、児童･生徒の学びにとってどんな意味があるかを考える

③児童・生徒が学ぶツールとしてICTを使う

- □ ICT利活用の目的を明確にし、児童・生徒が学びのツールとして使っていく
  - たとえば……
    - 類型3 類型5 デジタルドリルでわからないところを学年を遡って学習する
    - 類型7 作文の推敲作業、プレゼンテーション、データ分析など
    - 類型8 授業支援ツールで共有されたクラスメイトの考えを読み、自分の書いた文章を推敲して再提出する
- □ ICT利活用の目的が達成できたかどうかを評価する

④保護者に、学校でICTを「なぜ使っているか」伝える

- □ 目的を明確にして、ICTを活用した授業公開をする
- □ 学校通信・学級通信などで、ICTを活用する意図を伝える

〈参考文献〉為田裕行『学校のデジタル化は何のため？』さくら社、2022年

デジタルへの価値づけをする

学校のデジタル化を進めるために重要なのは、コンピュータ、インターネット、スマートフォンなどの子どもたちが生活のなかで直接的・間接的に使っているデジタル環境を念頭に置きながら、「〝デジタル〟とはどういうものなのか」ということについて学校として価値観を共有することです。デジタル化が進む現代社会において、デジタルは「あったら便利」程度のものではありません。デジタルは、思考・表現・コミュニケーションなどの場面で大きな役割を果たしています。

学校においての1人1台の情報端末も同様で、思考・表現・コミュニケーションのツールとして使いこなすことで、児童・生徒の将来の可能性を大きく広げてくれるものです。

文部科学省、教育委員会、学校のＷｅｂサイトや書籍、雑誌などを見れば、1人1台の情報端末の活用事例が多く公開されています。ＩＣＴは汎用的な技術であり、校種、学年、教科によってさまざまな実践事例を見ることができますが、うまく活用している学校に共通しているのは、「何のためにＩＣＴを利活用するのか」という目的をはっきり持っていることです。

僕自身が現場で見せていただいた多くの実践事例から、学校現場でＩＣＴを活用する目的を類型化してまとめた「教育ＩＣＴ利活用の9類型」を、「ＧＩＧＡから一歩踏み出すためのチェックリスト」のなかに示していますので、参考にしてください。

９類型の全部をいきなり追いかけても達成はできませんし、最初からたくさんの目的を追いかける必要もありません。最初は、自校の教育目標や現状に合わせて、二つか三つのＩＣＴを活用する目的を組み合わせるのがよいと思います。たとえば、「うちの学校は基礎学力を向上させたいから、デジタルドリルを導入して、類型５：進捗確認・理解度確認ができるようにして、授業の個別最適化を図ろう。より多くの問題や資料をデジタルで使えるようにして、類型６：教材拡充も目指そう。おもしろい問題や資料を外部から活用できれば、類型１：興味喚起ができて、学習意欲の向上も図れるだろう」という感じです。

また、「うちの学校では、自己表現の力を高めることを研究主題にしているので、類型７：表現手段拡充・思考手段拡充を目指そう。そのために、コンピュータを使った作文の時間を多くとって、推敲する時間をとろう。書いた文章は先生が見るだけでなく、クラスメイト同士で読み合ってコメントをし合うようにしたいから、類型８：情報共有手段の拡充としての使い方を意識しよう」というように、９類型のなかで、自校ではどの目的を達成したいのかを話し合い、共通認識をもつといいと思います。

学校によって目指すべき目的はそれぞれに違います。各校ごとに事情もあるし、学校文化もあるし、地域性もあるので、それぞれの学校が自校で達成したい目的を明確にすることが重要です。

先生が教えるツールとしてＩＣＴを使う

ＩＣＴを活用する目的を明確にしたら、まずは先生が授業を「教えるツール」として、ＩＣＴを活用し始めましょう。さまざまなツールやアプリが導入されていると思いますが、「何のために使うのか」を明確にして、必要な機能を授業のなかで使いましょう。

例として、デジタルドリルを導入していて類型４：授業効率化を目的とするならば、自動出題・自動採点の機能を中心にして練習問題を増やすことができるでしょう。練習問題に取り組む時間を増やすことができれば、目的を達成できたといえそうです。同じようにデジタルドリルを導入していても、目的を類型５：進捗確認・理解度確認とするならば、ただ自動出題・自動採点機能を使うだけでなく、クラス全体の正答率などを先生用の画面で確認して、これまでよりもさらに細かく進捗度合いが見とれるか、プリントで行っていた小テストやノートで提出してもらっていた宿題とどのように見とりが変わったか、ということを評価するとよいでしょう。

ほかの例として、アニメーション教材をプロジェクタで投影したり、授業支援ツールを使って画面を共有したりするときも、何が目的なのかを明確に言語化しましょう。類型６：教材拡充を目的とするならば、より多くの教材や資料を提示したことで児童・生徒の学びがどう変わったかを評価する必要があります。類型３：理解促進を目的としたのであれば、動かない図ではわからなかった児童・生徒が、アニメーションでわかるようになったか、ということを評価する必要があります。

ICTを活用する目的を明確にしてから授業で教えるツールとして使ったら、授業後は設定した目的が達成できたかどうかも確認するようにしてください。ICTをうまく使えるかどうかだけでは不十分で、授業前に設定したICTを活用する目的が達成できているかを確認するようにしましょう。

児童・生徒が学ぶツールとしてICTを使う

先生がICTを「教えるツール」として使えるようになったら、次は児童・生徒がICTを「学ぶツール」として使えるように、授業を設計しましょう。先生が授業のなかでICTを活用することが日常になってくると、児童・生徒のICTの基本的スキルの習得が進んでいきます。基本的スキルの習得が進んだところで、児童・生徒が自分たちで1人1台の情報端末を表現・思考のツールとして使えるようにしましょう。

「GIGAから一歩踏み出すためのチェックリスト」で示した「教育ICT利活用の9類型」のなかでは、最終的には類型7：表現手段拡充・思考手段拡充を達成できることが重要です。学習指導要領で重要な資質・能力として位置づけられている情報活用能力を養うことにもつながります。だからこそ、授業のなかで児童・生徒がＩＣＴを学ぶツールとして使えるようになることが重要になります。

たとえば、授業中に気になることを自分の端末ですぐに調べたり、作文やプレゼンテーションを自分の端末でつくったり、ＩＣＴを活用して表現したり思考したりする機会を授業でつくりましょう。

授業支援ツールを使って授業の最後に1回だけ成果物を提出して終了、という授業ではなく、クラス全員の成果物を授業支援ツールで共有してクラス全体で読み合って、自分の成果物を推敲して再提出するような場面を何度もつくりましょう。こういう授業は1人1台の情報端末を使うからこそ可能になります。

プレゼンテーションも、発表会で使うスライドを完成させる前に、何度もプレゼンテーションの機会をつくって、自分の伝えたいことがきちんと伝わるかをクラス内で何度もレビューして、推敲し練習をくり返すようにしましょう。これもまた、1人1台の情報端末があるからこそできる学習活動です。

こうした機会が日常に増えていくことで、1人1台の情報端末を主体的に学びに活用することができるようになっていきます。授業だけでなく、児童会・生徒会や部活動などでも活用すれば、児童・生徒がより広く表現・思考・コミュニケーションのツールとしてデジタルを活用する経験をしていくことができるでしょう。こうした場をつくることは、学校だからこそできることです。

保護者に、学校でＩＣＴを「なぜ使っているか」伝える

ＩＣＴを活用した学びは、保護者たちが経験してきた学びとはまったく違ったものになることがあります。そのため、「家に帰ってきてもタブレットの画面を見ていて何をしているのかわからない」「授業中に元気に手をあげて意見を言うのではなく、静かにキーボードを叩いている」などのコメントをもらうこともあると思います。こうしたコメントに先生方は対応しなくてはならなくなり、この対応が大変だから端末の持ち帰りを中止しているという学校もあります。

しかし、それでは学校ＤＸは進みません。保護者からのそうしたコメントが出てくる前に、「なぜＩＣＴを活用しているのか」を保護者に伝えましょう。保護者に「なぜＩＣＴを活用しているのか」を学校として共通の言葉で先生方が語れるようになりましょう。そのためにも、どんな目的でＩＣＴを活用しているのかを明確にしておかなければなりません。

「家に帰ってきてもタブレットの画面を見ていて何をしているのかわからない」という質問に、「いま、プレゼンテーションのスライドをつくっていて、より伝わりやすいように何度もスライドをつくり直しているところです。コンピュータを使うことで、書き直しが簡単になったの

で、何度もやり直せるようになりました。ぜひ、どんな内容なのか質問してあげてください。そのときに、わかりにくかったところを率直にコメントしてあげてください」と保護者に伝えられればいいと思います。

ＩＣＴを使うことで変わった授業の様子は、授業参観などで保護者に公開してもいいと思います。このとき、保護者はＩＣＴを活用した授業を受けて育っていないし、先生方のような教授法のプロでもないので、どういう目的をもってＩＣＴを活用しているのかをきちんと説明してあげることが重要です。また、学校通信や学級通信などを通じてＩＣＴを活用する意図を伝えるのもいいと思います。

＊

学校のデジタル化を達成するために、「なぜＩＣＴを使っているのか」を理解してもらい、ともに学びの環境をつくることで、学校のデジタル化は成し遂げられていくでしょう。そのために「ＧＩＧＡから一歩踏み出すためのチェックリスト」を役立ててもらえればと思います。

それぞれの教員をＤＸへ導くため、どうアセスメントするか

為田　裕行（フューチャーインスティテュート株式会社代表取締役）

学校全体のＤＸを進めるにあたっては、１６６頁の「学校全体のＤＸのため、どう一歩踏み出すか」で書いたように、学校全体で「何のためにＩＣＴを利活用するのか」という目的を明確にして１人１台の情報端末を活用することが重要です。学校全体でＩＣＴを活用するための目的を設定することもあれば、学年団などの小さいチームでＩＣＴを活用するための目的を設定することもあると思います。

チーム全体で目的を設定してＩＣＴを活用していく取り組みは、チームを構成する先生方一人ひとりのデジタル活用への取り組みと両輪になって進めていくべきです。

先生方が自分でデジタルを活用してみて、どんなことができるのか、どんなことができないのかを知り、そのうえで、子どもたちがどのようにデジタルを使える環境をつくるのかが、学

校DXを進めていく肝になると思います。

前提として、学校のどんな場面でもデジタルを使うようになればいいということではありません。たとえば、1人1台の情報端末を活用した授業をしてみると、デジタルを使ってよくなったこともあると思いますが、紙（アナログ）でやっても変わらないということもあります。むしろ、紙（アナログ）でやっていた頃の方がよかったということもあります。そうして正当にデジタルを活用することが子どもたちの学びにとってどういう意味を持っているのか、その成果を評価することは、先生方にしかできない仕事です。

学校DXを目指すことは、「すべてをデジタルでする」ということではないと思います。逆に、「デジタルがよくないから一切使わない」ということでもありません。0点か100点かで考えず、そのつどデジタルとアナログのどちらがよいのかを評価し、デジタルを使うかどうかを判断するのは先生であるべきだと思います。

先生方のデジタル活用を深めていくプロセスとして、以下の6つのプロセスが考えられます。

1. 何のためのデジタルかを考える
2. 自分で使ってみる

3.「先生の教え方」だけでなく、「児童・生徒の学び方」を考える
4.子どもたちと使ってみる
5.目的が達成できているかアセスメントする
6.校内でシェアする

何のためのデジタルかを考える

学校DXを目指すことは、「すべてをデジタルでする」ということではないという前提をふまえて、先生方個人として「デジタルとはどういうものか?」を一度、自分のなかで明確にすることが重要だと思います。

いま教室にいる児童・生徒が社会に出ていくときに、デジタルは社会のなかでどのような役割を果たすものになっているでしょうか。ここ10年くらいの社会の変化を見ても、デジタルなしでの生活はもう考えられません。

僕は個人的には、デジタルは「能力を拡張してくれるもの」だと思っています。たとえば、検索機能が使えることは、身の周りにあったものしか調べられなかったのが、より多くのことを調べられるようになる、調べる能力の拡張です。また、僕は手書きよりもキーボード入力の方がずっときれいに速く記録がとれますし、手書きよりもデジタルで文章を書く方が、手直し

をしたりするのも楽です。これも書く能力の拡張です。

児童・生徒が授業中に思考や表現をするときに、デジタルを活用することでこうして能力が拡張できて、いままでできなかったことができるようになることがあるのではないでしょうか。

デジタルを「能力を拡張してくれるもの」だと思っているからこそ、学び方を学ぶ場である学校で、デジタルをきちんと使えるようになる場面がたくさんあればいいと思っています。そうした場面は家庭でデジタルを使っていれば勝手に身につくものではなく、学校で先生とクラスメイトとともに学ぶからこそ身につくものです。

デジタルを表現のツール、思考のツール、コミュニケーションのツールとして、正しく適切に使って、社会にどうかかわっていくか、人とどうかかわっていくか、そうしたことを学ぶ場として学校は大きな役割を果たせると思います。

自分で使ってみる

先生方は、学校で子どもたちが使っている情報端末にインストールされているアプリやシステムを自分でどんどん使ってみましょう。なぜなら、すぐに授業などで活用できて、子どもたちの学びの方法を少しずつでもすぐに変えることができるからです。

たとえば、誰かが書いた作文をみんなで読めるように共有するにはどうしたらいいのか。理科の実験結果や社会の統計資料を表にまとめてグラフにするにはどうしたらいいのか。そうしたことを実際に先生がやってみることが重要です。

すべての機能を完璧に使いこなせるようになる必要はありません。ただ、168頁で紹介したように、ICTを活用する目的を明確にして、その目的を実現するために必要な機能から触ってみるのがいいと思います。最初は児童・生徒としての目線で、その後で先生としての目線でアプリやシステムを使ってみてください。

書籍やWebサイトなどで、1人1台の情報端末を活用している他校の事例を見て、「これはうちの学校では使っていないアプリだ」「うちの自治体とは端末が違う」と諦めることはありません。違う端末を使っていても、違うアプリを使っていても、それがどのような目的で活用されているのかがわかれば、運用の工夫でできることはたくさんあります。

わからないことは職員室で同僚の先生に質問することができます。また、ICT支援員さんにサポートしてもらうこともできるでしょう。「このあいだ、みんなが書いた作品にコメントをつける事例を見たのですが、うちの学校の端末だと同じことはどうやったらできますか？」と具体的に質問しましょう。「私はパソコンが苦手だから教えて」と言われると質問された方も困ってしまいますが、具体的な質問ならば、質問された方も教えたり、一緒に考えて工夫したりできます。

「先生の教え方」だけでなく、「児童・生徒の学び方」としてのデジタルを考える

アプリやシステムを自分で使ってみるときに、児童・生徒の目線と先生の目線の両方を試すことには意味があります。それは、「学び方」と「教え方」の両方を体験できることです。「私は、チョーク&トークの方が上手に教えられる」と言って、頑なにデジタルを活用しようとしない先生もときどきいます。たしかに、デジタルよりもアナログの方が上手に教えられるし、デジタルを使う意味がない、という議論も理解できないではありません。でも、これはあくまで先生の目線での「教え方」の話です。

これから先生方が考えなくてはならないのは、児童・生徒が身につけるべき「学び方」だと思います。文章を書くことはもちろん、スライドや動画をつくるなどの自己表現をしたり、インターネットで授業動画を見て授業の予習・復習をしたり、児童・生徒同士でコミュニケーションをとりながら学びを深めていったりと、デジタルは子どもたちに今よりも多くの「学び方」を提供してくれます。「デジタルを使った学び方」を子どもたちは身につけなければなりません。

デジタルでの学びも、アナログでの学びも、どちらもできるようになったうえで、自分で選べるようになるのが目標です。デジタルを使った学び方を身につけたうえで、「ノートに鉛筆で書くアナログなやり方が勉強しやすい」と選びとる子がいるのは別にかまわないと思います。

でもこれは、「アナログな学び方しか知らない」というのとは全然違います。ただ、先生が「アナログの教え方」しかしないと、児童・生徒は「デジタルを使った学び方」を学ぶ機会が学校で与えられなくなってしまいます。

子どもたちと使ってみる

先生が自分でデジタルを使ってみて、それで子どもたちの学びを変えるために何ができるかを考えるのは、先生方にしかできないことです。最初は、「先生が授業を教えるツール」としてＩＣＴを活用するところから始めたらよいと思います。

授業支援ツールで課題を配付し、提出してもらった回答を共有して、みんなで意見を練り上げていく授業をしましょう。ＩＣＴは大きな力になってくれると思います。しかし、ここがゴールではありません。次の段階として、「児童・生徒が学ぶツール」としてＩＣＴを活用するように授業をデザインしていきましょう。

こちらが想定していない機能を子どもたちが使ってしまったり、「先生、これってどうやるんですか？」という質問が続いたりもすると思います。最初はこれが苦痛だという先生もいると思いますが、最初だけです。最初は大変ですが、何度もやっているうちにできるようになります。僕自身、小学校1年生に教えている授業でログインを毎回してもらっていますが、「必ずログイン・ログアウトをする」ということでＩＤとパスワードの大切さを知り、みんな自分でログインをできるようになりました。

タッチタイピング、スライドの作成、共同編集、動画撮影、プログラミング、どの機能も最初からできなくてもいいのです。時間をとって、子どもたちに自分自身でやってもらいましょう。そのうちに、子どもたちが自分で調べたり、できる子が中心になって教え合ったりするようになれば、先生がすべてを導かないといけない状況は変わります。このときに、子どもたちがどんなことができるのか、どんなことができないのか、どんなトラブルが想定されるのか、ということなどを確認してください。

目的が達成できているかアセスメントする

1人1台の情報端末がどのように活用されているかをアセスメントする方法について考えてみましょう。文部科学省が発表している1人1台端末の利活用状況についての調査結果[①]を見てみると、「1人1台端末を授業で活用している学校の割合」「自分で調べる場面でICT機器を使用している学校の割合」「教職員と児童生徒がやりとりする場面でICT機器を使用している学校の割合」「自分の考えをまとめ、発表・表現する場面でICT機器を使用している学校の割合」「児童生徒同士がやりとりする場面でICT機器を使用している学校の割合」「1人1台端末を家庭で利用できるようにしている学校の割合」について、小学校と中学校でどれくらいの頻度で利活用しているのか、学校の割合がグラフにまとめられています。

こうした数値は、組織としての端末の活用状況をアセスメントするためには大事な指標になると思います。しかし、先生方のデジタル活用が進んでいるかを見るためには、「どれくらいの頻度で利活用しているか」ということよりも、「どんな目的で使っているか」ということをアセスメントする必要があると思います。

ここでは、「自分で調べる場面」「教職員と児童生徒がやりとりする場面」「自分の考えをまとめ、発表・表現する場面」「児童生徒同士がやりとりする場面」と、だんだんＩＣＴを活用している授業のなかでの場面が、変わっていく様子がわかります。最初の「自分で調べる場面」は、主に一人での活用となるでしょう。そこから、「教職員と児童生徒がやりとりする場面」が増えてくると、先生方と児童・生徒の間での交流や情報共有ができている様子が見られると思います。さらに、「自分の考えをまとめ、発表・表現する場面」「児童生徒同士がやりとりする場面」が増えてくると、順に一対多の学び、多対多の学びができるようになっていきます。学校で先生方がＩＣＴを活用した授業をしていくときに、どのような場面が多く見られるのかをアセスメントする指標として見ていくといいと思います。

校内でシェアする

先生が一人でデジタルを活用していっても、学校全体は変わりません。デジタルを自分で使ってみて、授業で子どもたちと使ってみて、子どもたちが変容した様子をどんどん校内で共有していきましょう。1人1台の情報端末によって子どもたちの学びが大きく変わった様子を先生が見とっている例はたくさんあります。

たとえば、「作文を原稿用紙に書くのが苦手だった子が、キーボード入力にしたらどんどん文章を書くようになった」という声を多くの先生方から聞きます。ICTを活用することで、「この子は、字を書くのが苦手なだけで、文章をつくるのは好きだったんだ」とわかった、ということを話してくれた先生がいました。

また、授業支援ツールを使うことで、「手をあげてクラスのみんなの前で発表をするのは苦手だったけれど、じっくりと自分のペースで文章を書いてみんなに読んでもらえてうれしかった」という子もいます。

こうした子たちにとって、ICTは自己表現の武器になっています。こうした場面を見て、「あの子はこういうこともできるようになった」と変容を価値づけられるのは先生方なのです。そうした声を学内で共有していくことで、学校としてのデジタルの活用はより深まっていくとともに、広がっていくと思います。

〈参考文献〉

①令和４年度全国学力・学習状況調査結果「1人1台端末の利活用状況について」(https://www.mext.go.jp/content/20221125-mxt_jogai02-000003278_001.pdf)

5章

【鼎談】学校とデジタルとAI

【鼎談】学校とデジタルとAI

平井聡一郎
合同会社未来教育デザイン代表社員／文部科学省学校DX戦略アドバイザー

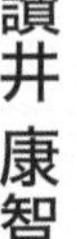

讃井康智
ライフイズテック取締役　最高AI教育責任者

田中善将
スクールエージェント株式会社代表取締役／文部科学省学校DX戦略アドバイザー／関東第一高等学校情報科講師

●生成AIで高まる独創性

平井　僕が学校現場で初めてChatGPTを見たのが2022年12月10日でした。大阪の私立中学校の3年生の社会科の授業のなかで、先生が課題を黒板に書いて「じゃあこれを考えてね」って言ったときに、ある男子生徒がおもむろにChromebookを取り出してチャカチャカって打ってたんですね。何やってるのかなって覗いてみたら、ChatGPTでした。OpenAIが11月30日にChatGPTを発表してからわずか10日。僕はものすごい場面に立ち会ったのかなと思いました。

先生はなんか検索しているんだろうくらいに思い、ChatGPTを使っているなんて気づいていないんです。さらに彼は、当時は日本語よりも英語で質問文（プロンプト）を用意したほうがいいことを知っていて、英語で質問し、英語で出力されたものを「あ、なるほどね」って言っていました。これがAIというものが教育という現場にどういう影響を及ぼすのかと

平井 聡一郎 （ひらい そういちろう）

合同会社未来教育デザイン代表社員／
文部科学省学校 DX 戦略アドバイザー

茨城県の公立小・中学校教諭、管理職、県内町村、県教育委員会で指導主事・指導課長を経て現職。株式会社情報通信総合研究所特別研究員、茨城大学非常勤講師、青森県教育改革有識者会議委員、福井県学校DX推進アドバイザーほか、複数の自治体、私学、教育関係企業でICTアドバイザーを務める。

讃井 康智 （さぬい やすとも）

ライフイズテック取締役　最高 AI 教育責任者

東京大学卒業後、リンクアンドモチベーション勤務を経て独立。中高生向けプログラミング教育世界第２位のライフイズテックに、創業メンバーとして参画。経済産業省産業構造審議会「教育イノベーション小委員会」委員、堺市教育委員会 教育補佐官、NewsPicksプロピッカー（教育領域）などを歴任。

田中 善将 （たなか よしまさ）

スクールエージェント株式会社代表取締役／
文部科学省学校 DX 戦略アドバイザー／
関東第一高等学校情報科講師

東京学芸大学卒業後、東京都内私立中高一貫校で数学科の教員として勤務。バングラデシュで貧困層向けの小・中学校建設および教育支援事業に従事。帰国後、都内私立中高一貫校でICT推進リーダーとして１人１台のChromebook活用環境を構築。2018年スクールエージェント株式会社設立。教育現場でのGoogle for Education活用を推進。

いうことを考えさせられた瞬間でした。

今日はこのＡＩ、とくに生成ＡＩが学校にどのような影響を与えるのかについて、讃井さんにはＡＩによる社会の変化から学校にどのような影響があるのかという視点で、田中さんには実際に生成ＡＩを活用した授業をされている学校現場の目線でお話しいただきたいと思います。

まず、生成ＡＩの登場によって子どもたちの学びにはどんな変化が予想されるでしょうか。

讃井　私が取締役兼最高ＡＩ教育責任者を務めるライフイズテックでは、中学生・高校生向けにＩＴのさまざまなものづくりを学べる場をさまざまに提供してきました。ここ数年は、中学校・高校の情報教育やプログラミング教育を支援する教材も全国に提供しています。そういったなかで、すでに２０２２年の12月から生成ＡＩを使った学びの機会の提供を始めていました。

具体的には、テキストを生成するChatGPTや、画像を生成するStable Diffusionなどを活用し、私たちもアッと驚くようなゲームや映像作品を、中学生・高校生たちが短時間でつくっています。たとえば、夏の砂浜を舞台に海の生き物を避けながらゴールを目指すというようなゲームを企画したときに、いままではその生き物を動かすためにイラストを描いたり、CGをつくったりするのにすごく時間がかかっていたわけですが、そういったものがStable Diffusionなどを使うと簡単に、あっという間に生成できるようになりました。そしてそのCGを動かすためのプログラムも、ChatGPTに生成してもらうことができる。しまいには、ゲームのBGMをつくるときにも生成AIを使うことで、たとえば常夏の南の島のような雰囲気の音楽を30秒もあればつくれてしまうようになりました。

平井　僕も見学させてもらいましたが、これまで、同じようなワークショップを数日がかりでやっていたようなものが、1日目の午前中で終わってしまうなど、時間の短縮には目を見張るものがありました。そうして生み出された時間で作品をブラッシュアップするとか、新しいものをつくるとかができるようになっていましたよね。

讃井　そうなんです。生成AIを活用するようになって、むしろ成果物のオリジナリティは高まってきました。すぐに成果物ができあがるから深く考えなくなるのではなく、自分の思ったような生成をするためにはどうしたらいいかと試行錯誤したり、コーディングでもChatGPTが生成したとおりに打ち込んでもプログラムが動かないとなれば、何が問題なのかやコードの各箇所の意味をAIに確認したりするので、むしろ批判的思考をずっと働かせています。グループの子ども同士で相談するだけでなく、AIとも対話をくり返すので、対話的で深い学びも起きているんですね。

平井　もう1点、そういった活用のなかで大きく変わることがありますよね。いままではゲームをつくるとなると、イラストやCGが必要、BGMも必要となって、それらをすべて自前でつくりあげるなり、適当なものを適切な方法で準備する必要がありました。ゲームをつくっていたはずが、一生懸命絵や作曲の勉強をしているみたいな。そうやって、多様な分野のクリエイティブなことができるようになるということも大切なことですが、「ゲームをつくる」という本筋ではないところに多くの時間が割かれてしまっていた。それが、こんなものをつくりたいとイメージを入力するだけで簡単に生成できるようになったというのは画期的ですね。僕も社会に出て、分業するのは当たり前だということに気づきましたが、子どもの頃、学生の頃は何でも自分でやらないといけないと思って諦めてしまっていたことがありました。

讃井　そうなんです。「ゲームをつくりたい」となったときに、自分がそのなかでいちばんやりたい部分を突き詰めるために、それ以外の部分はテクノロジーと分業するという発想なんですよね。そういう意味で、AIは一人ひとりの本来の強みを引き出すツールだといえます。そしてスマホと同じように、学校で使い方を教える・教えないなどとは関係なく子どもたちは生成AIを使っていくことになります。

実際に、民間ではかなりの企業が使い始めています。デジタルネイティブを超えてAIネイティブと呼ばれるいまの子どもたちが、これからたとえばクリエイターとして活躍するにしても、社会課題解決の第一線で活躍するにしても、AIは使う前提で、じゃあどうしたらその子自身の可能性をより引き出していけるのかということに議論が移っていかなければいけないと思うんですよね。そして、そういう議論ができない組織は社会から見放されてしまう。そういったことが学校教育領域で起きないように、学校を組織としてアップデートしていく必要があるし、学習観そのものもアップデートしていく必要があるのではないかと思っているところです。

田中　私の周りの先生方は、いま讃井さんがおっしゃったような世界観を当然のものとして受け止めているように思います。GIGAスクール構想でタブレットが入るとなったときにものすごい拒否感を示していたような先生方であっても、このAIによるアップデートは受け入れているように感じます。

生成AI自体もさらに高度化していて、Open Interpreterというサービスはブラウザではなく、コンピュータそのものにChatGPTのような生成AIを組み込んで、ChatGPTがブラウザ上で行っていたよりも高度なデータ分析やプログラミングをすることができるようになっています。しかも、端末上で動作するので、一人ひとりにより最適化されたかたちでサポートできるようになります。こうしたツールを子どもたちが使えるという前提に立つと、教師側が一方的に予定調和の授業を設計するのではなく、時間割さえも取り払って子どもたちのレベルや認知度、意思に合わせた学び方ができるという世界観のなかで、学びの時間やリソースを再分配する必要があると思っています。

平井　田中さんはおそらく日本のなかでもっともAIを活用されている先生の一人ですから、そういった影響を周りの方々も受けているからこその受け止めかと思います。

さて、僕があちこちの学校に出向いてChatGPTとか、生成AIサービスを使っていますか？と聞いてもパラパラと手があがるといった感じで、GPT-4エンジンを使うことのできるChatGPTの有料版を使っている人は？と聞くと一人いればいいほうです。元気よく使ってます！という方からは、小学校で活用しているなんて話も聞いたりするので（注：ChatGPTは利用規約で13歳未満の使用が禁止されている）、AIに対する意識のアップデートはこれから必須の課題であると感じます。

讃井　AIの活用が進むことは素晴らしいことですが、批判的な思考なしにAIを使うことには注意が必要です。まずは、ChatGPTが話題になった頃にすぐリスクとして言われたハルシネーション（幻覚。AIが真実ではないことをさも真実かのように記述してしまうこと）に対する批判的思考が必要です。

その一方で、ChatGPTの精度の向上や、PerplexityAIなどのインターネットをブラウジングしてより最新で正確な情報を参照する生成AIサービスの登場によって、ハルシネーションは段々と起きにくくなってきており、今後さらに情報精度が上がるはずです。しかし、いかに情報精度が上がっても、生成AIの出力したものを無批判にそのまま使うということは、誰にでも同等のアウトプットが出せることを意味し、その人が介在する価値を創り出せていないといえます。

先程、民間企業でChatGPTの活用例が増えているという話をしましたが、社会において求められるのは目的に対してどれだけよいアウトプットを出せるかということです。その手段としてAIを使おうが使うまいが、よりよいアウトプットを出すことが評価基準です。生成AIが当たり前に使われる時代になれば、AIの出力したアウトプットを無批判にそのまま使うだけでは、高く評価されるアウトプットにはならないと思います。アウトプットをよりよいものにしていくためにも、生成AIのアウトプットを批判的に思考し、生成AIの足りない部分を指摘して補足させたり、プロンプトを工夫してみたり、それでも足りなければ自身の能力で補うことが必要です。また、生成AIや検索エンジンのアウトプットがそのまま答えになるような発問やテスト等での出題は、もう時代遅れになりつつあります。教育における問いと評価のあり方は、生成AIの登場で根本的に考え直さないといけない論点です。

●「前向き」な文部科学省生成AIガイドライン

平井　そうやって考えると、これまでの「先生が知識を教えて活用できるようにする」という従来型の授業は、AIが入ったことによって大きく変わるはずです。文科省が「令和の日本型学校教育」答申（2021年）で示した個別最適な学びの部分にも関係すると思いますが、生成AIの登場はそれを推し進めるというよりも、ちゃぶ台がえしのようにひっくり返したうえで新しいものを生み出そうとする、本当の意味での学校ＤＸが実現できる可能性があるというのを、すごく感じました。

今後の展望についてもさらに深めていきたいところですが、まずは、いま現在どのように活用するのかという、多くの先生方にとって地に足のついた話に戻したいと思います。今年7月4日に文科省から「初等中等教育段階における生成ＡＩの利用に関する暫定的なガイドライン」が示されました。[①]讃井さんはガイドラインの公表直後にnote[②]でそのポイント解説を示されていましたが、どのように受け止められましたか？

讃井　私自身は、非常に前向きな方針だと受け止めました。授業のなかでの利用もそうですが、とくに校務の効率化については、「生成ＡＩはあくまでたたき台としての利用で、最後は教職員自らがチェック・推敲して完成させることが必要」という注釈はあったものの、あまり制限なく使ってよいという方針だったので、前向きさを感じました。また、リスク面については、個人情報の保護やハルシネーションが起きることへの対応や、情報セキュリティポリシーを踏まえることや生成ＡＩのアウトプットについての著作権の観点など、きちんとかつ端的に押さえているものだと感じました。ですので、ガイドラインを読んでおくと、学校や教育委員会での利用について前提となる部分が明確に理解できます。生成ＡＩを子どもたちが自由研究等で使う可能性がある夏休み前にスピード感をもって出したことは、本当にすばらしいことだったと思っています。

平井　別件ですが、8月末に出された中教審特別部会の「緊急提言」といい、最近の文科省はスピード感がありますよね。ChatGPTの登場から半年を経ないうちにGPT-4エンジンの新しいバージョンが登場し、Microsoft のBing AIやGoogleのBardなど、ChatGPT以外のサービスも雨後の筍のように登場する、まさに過渡期であるからこそ、そのスピード感は非常に重要だと感じています。僕もあのガイドラインには少しかかわらせていただいたのですが、とにかく変わることが前提なんだということをはっきり明記しなければということはお願いしました。その結果が「暫定的」や「機動的な改訂を想定」という表現で示されたと思います。ただ、こうしたなかで急ピッチに出しましたから、細かな部分については言及不足があるかと思います。

讃井　言及不足という意味で少し残念だったのは、生成ＡＩを活用するうえでのリスクを重視する教育に重点が置かれていたことです。もちろん、リスクや情報モラルについての喚起は重要ですが、今回のガイドラインのいちばんの趣旨は、ＡＩをこれからどのように活用していくのか、そのために情報活用能力の育成が大切だということでした。であるならば、社会をよりよくしていくためにいかにＡＩを活用するかという観点に立ち、モラル教育だけでなくデジタル・シティズンシップ教育の必要性についても書かれていたらよかったのではと感じました。

田中　使うことが前提のデジタル・シティズンシップという考え方を広めようというのは大いに賛成です。僕が講演したときに質問でよくあるのが、著作権やリスクをどうマネジメントしたらいいのかという話なんですよね。たとえばハルシネーションが起きたときにファクトチェックをどうしたらいいのかと質問されたことがありますが、それはＡＩが出てくる以前から、インターネットに限らず正しい情報かを判断するメディア・リテラシーの重要性は言われていましたし、これまでも取り組んでこなければならなかったはずのものです。

①文部科学省「初等中等教育段階における生成ＡＩの利用に関する暫定的なガイドライン　Ver1.0」２０２３年７月４日、https://www.mext.go.jp/content/20230710-mxt_shukyo02-000030823_003.pdf
②讃井康智@ライフイズテック「【速報】ＡＩ活用に前向きなスタンス！文科省「生成ＡＩ利用ガイドライン」ポイント解説」２０２３年、https://note.com/sanu0822/n/nd6c073cff4ac

裏を返せば、ファクトチェックをどうしたらいいのかとかAIとどう付き合っていけばいいのかについて、実は誰もわかっていないんです。多くの先生方に経験がない。つまり、なにか対策を一つ講じただけではどうにもならないと僕は思います。だからこそ、わからないという前提のなかで、守らなければならない最低限はどこかということを考えながら進んでいく必要があると思います。

ChatGPTにせよ、ほかのサービスにせよ、無料で提供されるサービスの多くは、入力したデータは直ちに学習され外に出る可能性があります。ただし、その個人を特定できるデータをマスキングすればよいだけなので、「田中善将が〇〇した」という情報を秘匿したければ、名前や具体的な動詞を「AがBした」と変えてしまい、あとで対照できるようにすればいいだけなんですよね。

「学習」などの耳なじみのない言葉を使うと余計に恐怖心が煽られるので、そんなにむずかしい話にしないように、すべての先生でどういうリスクがあるのかをわかりやすく共有することが大事だと思います。リスクを対策し切ることは不可能ですから、みんなでどんなリスクがあるのかを学び続けるしかないのかなと思います。

平井 そういう意味では微妙な立ち位置のガイドラインとなっています。ガンガンやりたい人にとっては、リスクばかり主張しているようで物足りない。でも、生成AIは危ないんじゃないかと言っている人には、こんなリスクばかりのものを使わせて大丈夫なのか?と。どちらからも懸念が示されるものになっています。

ただ、新しいテクノロジーというのは良くも悪くも注目の的ですから、ここで大きな失敗をしてしまうと、その後そのテクノロジーを普及させていくのに慎重すぎるほどのリスク喚起が求められ、再起がむずかしくなってしまいます。その点で、大きなミスはさせないながら、しっかり前進しなければという、絶妙な立ち位置で普及への想いを示したものといえます。そのあたりは、ガイドラインにも記載があった、懸念材料に対応できるリテラシーのあるモデル校でのパイロット的な取り組みを重ねながら知見を蓄積し、ガイドラインの改訂につなげていきたいと思っています。

●テクノロジーの進化とカリキュラム

讃井　もう一つ、ガイドラインで欠けていた視点でいうと、ＡＩリテラシーをどこで学ぶのかに言及されておらず、曖昧になっている点ですね。科目・領域として直結するところでいえば高等学校の「情報Ⅰ」だけれども、小・中学生にはＡＩリテラシーが必要ないかといわれればそんなことはないわけで。では、いまの技術・家庭科でＡＩについて十分な時間を使って扱えるのか、小学校に新たに技術科や情報科を新設できるのかといえば、それは学習指導要領の壁があるわけですよね。いまは10年に1度の改訂ですが、これを5年に1度、マイナーアップデートするようにするとか、そういうことをしていかないとＡＩなどテクノロジーの変化、ひいては社会の変化からはどんどん遅れていきます。

現状の「情報Ⅰ」のカリキュラムでもＡＩについて何とか入れ込むことはできると思います。ただ高等学校のカリキュラムなので、出口にあたる大学入試との関連というところは考えざるを得ない。現状、入試問題のなかでＡＩの話は全然出てこないので、この状況が続けば高校でＡＩリテラシーについて扱うインセンティブは働かない。対策として、たとえば共通テストのサンプル問題にＡＩの問題が出てくるということがあれば、ＡＩの基本的な仕組みについては一定程度理解しておいたほうがいいなという風潮になると思うんですよね。

平井　僕もその点は心配しています。讃井さんは入れ込むことができるとおっしゃいましたが、今般の改訂でつくられた現在の「情報Ⅰ」の教科書にはＡＩについての記載がありません。ただ、この日進月歩の状況下で10年に一度の学習指導要領改訂はおろか、４年に一度の教科書改訂でも、その時点での最新テクノロジーを反映するというのは、土台からして無理な話です。そもそも著作権についての法整備さえも、生成AIの登場に対応できていない現実があります。

田中　改訂では対応ができない、というよりも、そもそも教科書を改訂し続けていくという考え方そのものも見直していく必要があるのではないかと感じています。平井先生もおっしゃいましたが、出版物ではつくったときと読まれるときにラグが起こるのは当然ですし、たとえば研修や教員養成でもどれだけ最新テクノロジーに対応しようとしても対応したそばから置いていかれる。つまりテクノロジーの発展に追いつくことができないという前提に立たないとだめなのだろうと思います。

著作権についての法整備が生成AIの登場に対応できていないという話がありました。技術科や情報科では知的財産権について学ぶことになっていて、もちろん教科書にも記載がありますが、この教科書に記載されている法制度はすでに現状に即していないということになります。つまり、近いうちに確実に変更が加えられるはずですし、すでに法制度そのものが変わっている部分もあります。そういった、すでに変わってしまったこと、じきに変わることが、身につけるべき知識として教科書に書かれていますが、こういった知識を覚えることに意味はあるのかと子どもたちは感じています。

対照的に、ChatGPTを授業に導入したときの、子どもたちの「待ってました!」と言わんばかりのムードは印象的でした。これまでの中央集権的にコントロールされていた授業から、自分たちが学びたいように学ぶことができる授業に変わるんだと子どもたちが実感しているのが強く伝わってきました。

●教員のAIリテラシーをどうやって引き上げるか

平井　田中さんから研修や教員養成の充実も、このテクノロジーの飛躍的な進化に追いつかないのではないかという話が出ました。これについてはどのように考えますか。

讃井　これからどう引き上げていくか、という前に、現状の「情報Ⅰ」で求められていることさえもちょっと危ういかもしれません。いまの文科省の方針は免許を持っている先生がいれば大丈夫だろうということなんですが、けっしてそうではないのではと思います。いま免許を持っている先生方は過去の教員養成課程を経て先生になられているわけですが、テクノロジーの発展によってそのときに学んだことは過去のものになってしまっているんですよね。現行の教科書でさえも、田中さんがおっしゃられたように新たなテクノロジーの登場に対応しきれないほど状況は刻一刻と変化しているわけですから。そうなってくると、いま免許を持っていたとしても、AIリテラシーがあるか、「情報Ⅰ」の専門性を有しているか、そしてそれらを駆使して最適な授業ができるかどうかは全く別の論点です。

こういうときによくあるのは、種々の研修は用意するけれど、その後どうするかは各学校・各先生におまかせしますという考え方です。これは、数学や国語など、専任で常勤の先生が1校に複数人いて、受験指導も含めて20年、30年選手のベテランの先生も多くいるような教科なら成立します。

しかし、明確に指導力の格差がある現在の「情報Ⅰ」などで学校まかせ・先生まかせにするのは格差を放置している状況です。困っている先生をしっかりフォローアップしていく体制を都道府県の教育委員会が整えなければ格差はどんどん拡大していくと思うので、文科省にはその支援をしてもらいたいと思いますね。

田中　格差は必然的に生まれてしまいますし、僕はむしろ一時的には格差を生んだほうがいいと思っています。AIの専門性がある人がどんどん卓越していって、周りの人にわかりやすく解説できるようになったり、学校でAIを使う仕組みをすべて整えてしまったりするほうがうまくいくのではないでしょうか。AI活用に求められる専門性はかなりレベルが高いので、最初から全員がAIを使うことを無理強いしないということも念頭に置くほうがいいかもしれません。普段私たちが使っているスマホのアプリケーションなども、リテラシーのある専門家であるプログラマーがコーディングしてつくったものです。こういうパラダイムを教育分野におけるＡＩにも取り入れたらいいのでは、という発想です。

平井　なるほど、たしかにＧＩＧＡのときには指導者用の端末を入れる、学習者用の端末を入れるとなって、先生方のリテラシーを高めないと、という話が出たときに、そうは言ってもそれ以前から校務等でコンピュータは使っていてまるっきり素人ということはなく、校務での活用で自信をつけて授業での活用を促していった学校もありました。そういう意味ではＡＩというのはまったく触れたことがなく、抵抗感を感じる方はＧＩＧＡのとき以上かもしれません。そういうまったく新しいテクノロジーについては、その活用をしていくうえで、それに特化した人を意図的につくってやっていこうということですね。

　田中さんの学校や、田中さんに学んで育った人たちにそれをさらに広げていってもらうというのはとても大事だし、先程からガイドライン関係でパイロット的な取り組みをするモデル校の話をしていますが、そういう学校の取り組みをどんどん伝播させていく体制をつくっていかないとですね。

讃井　あとは、私たちの学習に対する意識についても変革が必要だと思います。

　ＡＩのリスクとしてハルシネーションがよくあげられますが、社会はＡＩが誤ったアウトプットを出してくる可能性を織り込み済みの世界観で動いており、そんなものは改めて検索して確かめてみるのが当然です。ですが、一つの決まった答えを教えるだけの学校の授業では、ＡＩは使えない存在として捉えられるでしょう。

　知識習得が絶対的価値を持っていたときの20世紀型の学習観がいまだに学校教育では根強くありますが、そういった学習観で判断していてはＡＩの力を十分活かすことは無理です。21世紀の学びは、課題を発見して探究し、新しい知識やアウトプットをつくり、知識構築や新たな社会の構築まで至るような学びです。そのような学びでこそAIは真価を発揮します。どうやってAIを教育のなかで活用していくのかを考えるなら、21世紀の学習観を判断基準にしなければいけないと思います。

田中　たしかに。いま受け持っている生徒たちも文化祭のお問い合わせチャットをChatGPTを使ってつくっていますが、もうお茶の子さいさいなわけですよ。子どもたちがお問い合わせチャットを簡単につくることができてしまう「未来」が来るのではなくて、「いま」現実にそういう世界が存在しているんですよね。

OpenAIが出している資料では、GPT-4エンジンのChatGPTは医師免許と弁護士免許を同時にとれてしまうような性能なんだそうです。これを子どもたちに使わせることによるメリットと、ハルシネーションや個人情報流出のようなリスクとを天秤にかけても、圧倒的にメリットの期待値のほうが大きいはずです。もちろん保護者のなかにはAIのリスクに対して慎重な判断をされる方もいて、ChatGPTを使うことができない生徒も出てきます（注：ChatGPTは保護者の同意がない13歳以上18歳未満の使用を規約で禁じている）。でも、それはグループ学習にしたりして、グループで一人は「ChatGPT係」がいるようにすれば、AIの恩恵をすべての生徒が受けることができます。

平井　そうなってくると、お二人がおっしゃられたようにリスク回避的なメディア・リテラシー的発想というよりも、デジタル・シティズンシップ的発想でということが前提になるでしょうね。最新情報を研修で身につけても、テクノロジーはさらに先を行っていて置いていかれてしまうという田中さんのお話もありましたが、先生方は最低限のリテラシーを身につけたうえで、どうやったらAIを味方につけられるかという発想で自分自身も使っていかないといけないし、子どもも使える環境を用意していかないといけません。

●変わる教師の役割

讃井　そうなってくると、教師の役割も大きく変わっていくはずです。今はChatGPTのような汎用的な生成AIが主流ですが、いずれ教育に特化したAIがさまざま出てくると思います。いまわが国でAIによる個別最適というと、デジタルドリルが習熟度に応じた問題を出題するとか、回答傾向に応じた定型のコメントを出力するようなものがイメージされますが、今年の5月にアメリカの老舗EdTech企業、カーン・アカデミーのサルマン・カーンがTEDで発表したカーンミーゴ[③]では、それよりも高度に一人ひとりに優秀なAI家庭教師がつくような環境が今後構築されていくと説明されています。

田中　いま讃井さんがおっしゃったようなAIドリルを超えたAIによる個別最適な学びの実現というのは、ChatGPTの無料版（GPT3.5エンジン）でも実現可能ですね。ある程度学習させたり、プロンプトにひと工夫は必要ですが、本書128頁の**図3**のように、小テストを生成して1問1答するような問題の出題、ヒントを出してくれたり、もっとむずかしい問題の出題を要求することもできます。

讃井　たしかにプロンプト次第ではそういう使い方もできますね。カーンミーゴでは、例として生徒が「生物つまんないなあ」となっているときに、カーンミーゴが突然「生物は勉強しておいたほうがいいですよ」と雑に諭してきたり、いきなり問題を出すようなことはしません。そうではなく「あなたって何になりたいんでしたっけ?」と質問してきて、生徒が「アスリートになりたい」と答えると、いまやっている分野はアスリートの体づくりや筋肉をつけるのに役立ちますよとか、栄養の適切な補給を考える際に役立ちますよというように、その子の興味・関心に合ったファシリテート、コーチング、ティーチングを全部できるんですよね。

カーンミーゴも、田中さんがあげてくれたChatGPTも、うまく活用すれば本当の意味での個別最適な学びが実現できるようになるはずです。これまでの議論では、ひょっとするとテクノロジーの進化によって、ティーチングではなく個別最適なフォローアップが求められるようになっていくという話があったかもしれませんが、カーンミーゴでは個別最適なフォローアップもAIがかなりやってくれるということになります。

もちろんAIで不十分な部分のフォローは今後も必要だと思いますが、いちばん大事なことは、AIを学習過程のどこに使えば効果的かをメタ的に判断し、学習をデザインしていく力だと思います。そのときに、今までのような教科内容の理解だけでなく、AIなどテクノロジーの理解と、AIを使った場合に子どもたちの学びに何が起こるかという学習科学の視点がますます求められるようになると思います。

平井　お二人の話はかなり先進的なところなので、一般の学校でこのレベルまで一朝一夕にたどり着こうというのはむずかしい話だと思います。ただ、こういう未来像があるということを各学校のリーダーである管理職や、それをフォローする教育委員会など、決定権を持っている人たちが知らないというのはまずいですよね。

田中　そうなんですよ。各学校で先生方が生成AIを使ってみたいんだけど、管理職が首を縦に振らないからダメ、みたいなことがいちばん困ります。そうやって管理職の理解がないと、先生方は一生懸命に専門性を高めようとしても水泡に帰してしまうので、管理職の意識は非常に重要だと思います。

讃井　学校関係者に限らずですが、子どもの発達段階を引き合いに、なんらかのレディネスがないとAI活用はできないと断定される方がいます。でも、実際はそうではありません。数学でも「ストリートマス（路上の数学）」みたいなことがありますが、

③How AI Could Save (Not Destroy) Education, Sal Khan,TED（2023）、https://youtu.be/hJP5GqnTrNo

子どもたちは学校で数学を習う前から数学的な思考を働かせてお金のやり取りをすることができるんですよね。ＡＩについても同じで、ストリートＡＩ活用というのか、学校で教えなくても勝手に使って学んでいく。リスクも含めて、子ども自身が試行錯誤、ＡＩと対話するなかで、ここはＡＩのほうが都合がいい、そっちはＡＩを使わないほうがいい、と成長していくことがあるんですよね。

それを、系統立った指導ができない限りはＡＩの効果的な活用はできないからダメだと決めつけることは、子どもたちの可能性に低い天井を覆いかぶせてしまうことになります。もちろん中長期的には、系統立った指導の検討も必要ですが、大人の決めつけで低い天井をつけてしまうことだけは私自身もやらないようにしないとなと思いました。

平井　まさにそのとおりで、子どもたちは自分自身で学ぶ武器を手に入れたわけですよね。これで俺たちは自由に学べるようになったんだ、というものを。その子どもの自由な学びを大人が邪魔しないようにするためにも、管理職や教育委員会が20世紀の学習観からの脱却を図らないといけませんね。そうしないと現場で一生懸命ＡＩを活用しようとしている先生たちから足元をすくわれちゃいますよ。

まさに、いまが日本の教育を変える正念場だと思います。なので、僕はこれからも積極的に現場の先生方だけでなく、国や都道府県レベルの仕事にも働きかけていきますので、お二人も子どもたちに自由な学びを与えていけるようにがんばっていきましょう。今日は貴重なお話をありがとうございました。

讃井・田中　ありがとうございました。

おわりに

ＧＩＧＡスクール構想のスタートの当初から、私は「教育ＤＸ」ではなく「学校ＤＸ」という言葉を意図的に使ってきました。それは、学びのデジタル化を切り口に、学校という組織全体のデジタル化を推進し、その結果として、学校のデジタルトランスフォーメーション、つまり学校ＤＸの実現を目指すということを意味します。くり返しになりますが、学校ＤＸは単なる学びのデジタル化ではありません。デジタル化を切り口とした学校組織の改革、さらに攻め込んで言えば、新しい学校の姿の創造といえるものと考えています。そしてＧＩＧＡスクール構想による端末・通信・クラウドといった環境整備は、まさにデジタル化推進の切り口といえるものでした。

しかし、２０２３年度の全国学力・学習状況調査における質問紙調査から見えるＩＣＴ機器の活用状況からは、量・質両面において昨年度同様の傾向が見られ、地域間の格差が解消されたとはいえない現状がうかがわれました。たとえば「自分の考えをまとめ、発表・表現する場面」でのＩＣＴ機器活用では、週３回以上活用している学校が全体の約４割であり、「児童生徒同士がやりとりする場面」でのＩＣＴ機器活用でも、週３回以上活用している学校が全体の４割弱にとどまっています。どちらも昨年度よりはそれぞれ、約６ポイント、約９ポイント増加していますが、活用が月１回未満という学校がそれぞれ一定数存在しており、学びのデジタル化が推進されている学校とそうでない学校との差の存在が懸念されます。それゆえ、本書は「ＧＩＧＡにとどまる学校」から「学校ＤＸに進化する学校」にトランスフォーメーションすることを目指しているわけです。

さて、そのような状況においても、希望の光が大きく三つ見えています。それは各地で、学校DXのロールモデルとなる実践が同時多発で生まれ、かつ発信されていることです。例をあげれば、熊本市教育委員会による「Kumamoto Education Week」などは、世界レベルでの発信を見据えて、2023年度で3回目の開催となっています。優れた実践がひとつの学校、ひとつの自治体に限定されるのではなく、周囲に共有され今後の横展開が期待されます。また、青森県は「青森県教育改革有識者会議」を設立し、日本中から有識者を集めることで、これまでのしがらみから離れ、ゼロベースで地域の教育改革に取り組もうとしています。この事例では、すべての教員、保護者を対象に無記名の記述式の教育課題に関するアンケートを実施し、そこで洗い出された課題をAIで分析しています。つまり、アンケートによるアセスメントから、エビデンスに基づいた施策を生み出そうという、これも、これまでにない取り組みであり、全国の教育関係者から注目されており、その成果が期待されます。

そして、もう一つの希望が中央教育審議会から8月28日に出された「教師を取り巻く環境整備について緊急的に取り組むべき施策」の提言です。これを受けて文部科学省は翌29日には文部科学大臣メッセージで、「1．国が先頭に立って改革を進めます」「2．学校・教育委員会は、できることは直ちに実行を」という強い改革の意思を示し、さらに「保護者・地域住民の皆様へ」という学校外への協力を要請しています。そのうえで、これらを9月8日に文科省から各教育委員会に通知しました。この提言のポイントは、一言でいえば、「学校の業務の総量削減」となります。これまでも、働き方改革として業務の効率化などに取り組んできましたが、どちらかといえば対症療法的な施策が多く、問題の根本的な解決には至りませんでした。それに対し今回の提言は、「学校・教師が担う業務の3分類」の徹底が基本方針で、業務を本来、学校・教師のやるべきことに絞り込むとともに、教師が担うべきことにおいても支援体制をとるという、学校の体質のスリム化という本質的な改革の実施を提言しています。教員の業務過多、多忙感はこれまでのさまざまな改革の阻害要因の一つでした。この提言は、私たちの目指す学校ＤＸを支える力強いメッセージであり、教育委員会、学校はこの提言を上手に活用し、学校行事の厳選、部活動の改革などに取り組んでいくことが求められていくでしょう。

さらに、この提言の１ヵ月前には、文科省から「初等中等教育段階における生成ＡＩの利用に関する暫定的なガイドライン」が出されています。生成ＡＩの活用は、学びを変えるとともに、教員の業務の改善につながることが期待されます。今回のガイドラインは、日々進化する生成ＡＩに対し、「暫定的」な方針で、「機動的に改訂」しながら活用を進めるという方向性を示しています。新しいテクノロジーを積極的に受け入れていこうとする文科省の意思表示ともいえます。

このように、文科省は骨太の方針に始まり、生成ＡＩのガイドライン、そして緊急提言とスピード感をもって教育改革に取り組み、教育委員会、学校の学校ＤＸを支える姿勢を示しています。今後、教育委員会、学校は、そのスピード感にどう対応していくのかが問われます。拙速だとか、ついていけないという悲鳴も聞こえてきそうですが、これらを学校ＤＸ推進にとっての追い風と捉えることが大切です。教員、保護者、地域社会に、国の方針をふまえた改革であることを上手に説明することがポイントです。

さて、ここで改めて本書の内容に戻ります、本書は学校ＤＸに関して、多面的な視点から取り組みの切り口を示しています。まずは目的の明確化、そして学びの改革、校務のＤＸという3つの視点で捉えました。そして、その成果はデジタル化によってアセスメントされることになります。

まずは、目的の明確化についてですが、これはなぜ学校ＤＸが必要なのかという必然性の視点です。学校ＤＸの推進には「未来の共有」が欠かせません。どのような未来になるのかを共有し、その未来に対応するために何をすべきかを、教育にかかわるすべての者が当事者として共有することが大切です。

次に必要なのは、学びのデジタル化が目的ではなく、学びを変えることを目指すということです。つまり、デジタル化は「学習者主体の学び」の実現の手立ての一つという視点となります。具体的にいえば、従来型の「教師主導型」「一斉教授型」「知識伝達型」の授業におけるＩＣＴ機器活用から、新学習指導要領の目指す、「学習者主体」の「個別最適化」された学びを支えるＩＣＴ機器活用への転換ということです。ここを見失わないことがポイントです。本書の事例は参考になると思います。

３つ目が校務のＤＸです。一言でいえば「ペーパーレス」の実現ともいえます。本書では、さまざまな事例をもとに説明していますが、ここについても文科省はチェックリストを作成し、校務のＤＸを支えています（「ＧＩＧＡスクール構想の下での校務ＤＸ化チェックリスト」２０２３年９月）。この学校ＤＸは校務と学びのＤＸが両輪となるものであり、どちらかだけでは成立しません。教員は、校務のＤＸを切り口に学びのＤＸに入っていくのが効果的でしょう。

本書は、本書を手にされた皆様にとって、考えるきっかけ、そして変わるきっかけとなることを最大の目的としています。まずは考えることです。私自身、本書にかかわるなかで大きな学びがありました。最後になりましたが、このような学びの場をご提供くださいました教育開発研究所と、お忙しいなかご執筆いただいた諸先生方、さらには本書を手にとってくださった皆様に心より感謝申し上げます。

２０２３年10月　合同会社未来教育デザイン代表社員　平井　聡一郎

執筆者一覧（執筆順）

平井聡一郎　合同会社未来教育デザイン代表社員／文部科学省学校ＤＸ戦略アドバイザー

武藤久慶　文部科学省初等中等教育局修学支援・教材課長／学校デジタル化プロジェクトチームリーダー

堀田龍也　東北大学大学院教授／東京学芸大学大学院教授

稲垣　忠　東北学院大学教授

田村恭久　上智大学教授

坂本　旬　法政大学教授

近藤武夫　東京大学教授

多勢弘子　山形県天童市立干布小学校長

松本博幸　千葉県印西市立原山小学校長

今田宗孝　愛知県春日井市立坂下中学校長

宗我部義則　お茶の水女子大学附属中学校副校長

高瀬琢弥　宮城県仙台第三高等学校教頭

田中善将　スクールエージェント株式会社代表取締役／文部科学省学校ＤＸ戦略アドバイザー／関東第一高等学校情報科講師

水谷年孝　愛知県春日井市教育委員会教育研究所教育ＤＸ推進専門官

山本典明　埼玉県戸田市教育委員会教育政策室教育政策担当指導主事

清水雄一　東京都渋谷区教育委員会事務局教育指導課指導主事

為田裕行　フューチャーインスティテュート株式会社代表取締役

讃井康智　ライフイズテック取締役　最高ＡＩ教育責任者

GIGAにとどまる学校、学校DXに進化する学校

——ネクストGIGAの新しい学びを求めて

2023年11月3日　第1刷発行

編　集	平井聡一郎
発行者	福山孝弘
編集担当	大石龍太郎・岡本淳之・桜田雅美
発行所	株式会社教育開発研究所
	〒113-0033　東京都文京区本郷2-15-13
	TEL.03-3815-7041／FAX.03-3816-2488
	https://www.kyouiku-kaihatu.co.jp/
装幀デザイン	三森健太（JUNGLE）
デザイン＆DTP	shi to fu design
印刷所	中央精版印刷株式会社

ISBN 978-4-86560-579-2